Elmar Rüfenacht

„Religionen des Nahen und Fernen Ostens"

JUDENTUM
ISLAM
HINDUISMUS
BUDDHISMUS

Chin. Universismus
Sikhismus
Jainismus
Shintoismus

GANESCHA-VERLAG

HERISAU/SCHWEIZ

Inhaltsverzeichnis

Vorwort 6

Einleitung 7

Das Judentum 10
    Abraham, Stammvater der jüdischen Gemeinde
    Moses, Stifter der Jahwe-Religion
    Die Propheten: Heranbildung und Festigung des Glaubens
    Einige Kerngedanken des Glaubens
    Die religiösen Schriften
    Der Kult: Sitten und Gebräuche, Gegenstände und Begriffe
    Schlussbetrachtung

Der Islam 19
    Mohammed, „Das Siegel der Propheten"
    Das Kalifat und die Ausbreitung des Islams
    Der Koran, das Heilige Gesetzbuch
    Die fünf Pfeiler des Islams
    Weitere Glaubenspflichten und Merkmale
    Die Aufspaltung des Islams
    Schlussbetrachtung

Der Hinduismus 31
    Vedismus – Brahmanismus – Hinduismus
    Das Weltbild
    Das Kastenwesen
    Das Karma – die Seelenwanderung
    Die Quellen der Hindu – Mythologie
    Ramayana – Mahabharata – Bhagavadgita
    Das Pantheon der Götter
    Schlussbetrachtung

Der Buddhismus 58
    Der Weg zur Erleuchtung
    Die „Vier Edlen Wahrheiten"
    Die Hinayana-Lehre (das kleine Fahrzeug)
    Die Mahayana-Lehre (das grosse Fahrzeug)
    Die Vajrayana-Lehre (das diamantene Fahrzeug)
    Der Lamaismus
    Der Zen-Buddhismus
    Der Mönchsorden Sangha
    Symbole, Begriffe und Merkmale
    Schlussbetrachtung

Der Chinesische Universismus 76
    Die beiden grossen Gelehrten, Konfutse und Laotse
    Der Konfuzianismus (die Lehre des Konfutse)
    Der Ahnenkult
    Der Taoismus (die Lehre des Laotse)
    Yin und Yang, die zwei Grundkräfte des Kosmos
    Schlussbetrachtung

Der Sikhismus 83
Der Jainismus 87
Der Shintoismus 93
Literaturhinweise 96
Worterklärungen 97

Vorwort

Religionen, sowohl die fremden wie die eigene, sind ein unerschöpfliches Thema. Die Bücher dazu füllen Bibliotheken, das Studium von Religionen kann Beruf und Lebensaufgabe sein. Dieses gewaltige Wissensgebiet auf wenigen Seiten zu bündeln kann immer nur Streiflichtcharakter haben. Deshalb möchte ich den vorliegenden Band unter dem Begriff *„Reiseliteratur"* und nicht *„Religionswissenschaft"* einordnen.

Während meiner zehnjährigen Reiseleitertätigkeit konnte ich herausfinden, was die Touristen bei der Konfrontation mit nichtchristlichen Religionen interessiert und welche Fragen sie am meisten beschäftigen. Ich habe auch bemerkt, dass die klare Mehrheit zwar Interesse an den Religionen des Reiselandes zeigt, aber weder die Zeit hat noch den Ehrgeiz verspürt, tiefschürfende Abhandlungen darüber zu lesen. Diese Tatsache verlieh mir den Impuls zu diesem Band.

Neben dem Fernsehen hat das Flugzeug die Welt zum Dorf gemacht: Wir Europäer sind „über Nacht" in einem anderen Kulturkreis. Umgekehrt trifft man in Europas Grossstädten Andersgläubige auf Schritt und Tritt. Auch wenn das „Vaterunser" das weitverbreitetste Gebet auf Erden ist, sollte der Reisende dennoch – oder gerade deshalb – die wesentlichsten Fakten zum religiösen Hintergrund seines Gastlandes erfahren! Die Auseinandersetzung mit anderen Religionen und Kulturen bedeutet nicht nur Bildung, dieses Wissen erhöht auch die Achtung vor dem Fremden und dem Andersartigen und vertieft damit das Reiseerlebnis.

Ob nun Gottvater, Buddha oder Allah verehrt wird: in ihrem religiösen Sehnen sind sich letztendlich alle Menschen gleich. Gottes Wort zu halten, Liebe zu üben und demütig zu sein vor Gott ist ihrer aller Losung. Sowohl *ihre* als auch *unsere* Götter mögen uns vor der verderblichsten aller Vergötterungen bewahren: der Selbstvergötterung…

Herisau, im Januar 2000

Elmar Rüfenacht

Einleitung

Es gilt, zwei wesentliche Religionsgruppen zu unterscheiden:

• Jenseits des Hindukush (West-Himalaya): die östlichen Religionen, jene „des ewigen Weltgesetzes", *Hinduismus, Buddhismus, Sikhismus, Jainismus.* Für sie ist die Welt anfangslos und kennt kein definitives Ende. Durch Werden und Vergehen erneuert sich die Welt unablässig. Mensch, Tier und Pflanze sind in den immerwährenden Kreislauf der Natur eingebunden. Der Mensch mit seinem individuellen Schicksal sowie die geschichtlichen Ereignisse erhalten – gemessen am kosmischen Massstab von Ewigkeit – die Bedeutung einer Fussnote.

• Westlich des Hindukush: die „westlichen" Religionen der „geschichtlichen Gottesoffenbarung", *Judentum, Christentum, Islam.* Ein unendlich überlegener Gott schuf nach ihrem Verständnis die Welt. Alles schuf *Er* aus dem Nichts. Und diese Welt wird endlich sein. Die Zeitspanne von Weltschöpfung zu Weltende ist demzufolge ein einmaliger, unwiederholbarer Prozess. Die Taten jedes Einzelwesens und der Entscheid Gottes sind massgebend für die Ewigkeit, die dem Weltgeschehen folgen wird.

In der Tat: Der Hindukush ist *die* grosse Scheidelinie der Religionen von Nahem Osten (Judentum, Christentum, Islam) und Indischem Subkontinent (Hinduismus, Buddhismus, Sikhismus, Jainismus). Dies obschon die religiösen Zentren vom geographischen Standpunkt aus relativ „nahe" beisammen liegen und beispielsweise via Seiden- und Gewürzstrasse regen Kontakt miteinander pflegten.

Sechs grosse Weltreligionen sind es. Sie alle verleihen dem Menschen Kraft im Daseinskampf, erhellen seinen Lebenspfad, befähigen ihn, dem Tod gefasst entgegenzutreten: Richtiges Verhalten im gegenwärtigen Leben, auf dass dieses nach dem physischen Ableben in bestmöglicher Weise fortgesetzt werden kann und darf. Hier der strenggläubige Moslem der Arabischen Wüste, da der Hindu in der Tropenfülle des Indus: Beide leben und glauben nach dem Verständnis ihrer jeweiligen Umwelt. „Wenn schon alle Menschen in ihrer letztendlichen Zielsetzung einig sind, warum gibt es denn nicht eine einzige Religion", mag man sich fragen. Nun, dies wird eine Illusion bleiben, bleiben müssen – die Glaubensbekenntnisse würden sich sonst des Verrats an eigenen religiösen Grundsätzen schuldig machen.

Miteinander verglichen, sind diese Prinzipien gross, scheinen mitunter unüberwindbar. Dennoch gibt es Berührungspunkte der Weltreligionen. Da wäre einmal ihr gemeinsamer Hang zum Mystizismus: Unbefleckte Empfängnis der Jungfrau Maria durch den Heiligen Geist. Ebensolches widerfuhr Buddhas Mutter durch die Traumvorstellung des Weissen Elefanten. Und Parvati, Shivas Gefährtin, hat ihren Sohn in

Abwesenheit ihres Ehemannes aus den Hautschuppen ihres Körpers geformt.

In Asiens grossem Kulturträger, dem Buddhismus, steht die Ethik im Dienste der Selbsterlösung. Diesem Ziele dienen die Forderungen nach Gewaltlosigkeit, Barmherzigkeit und Enthaltsamkeit. Im Islam wiederum, streng monotheistisch, duldet Gott keinen Partner neben sich, hat keinen Sohn, ist Schöpfer aller Wesen und Dinge und ist allmächtig. Am Jüngsten Tag richtet er die Menschen – Ungläubigen droht das Höllenfeuer, Gläubige erwartet das schattige Paradies. Im Weltbild des Hinduismus, im Gegensatz zu anderen Hochreligionen keine Stifterreligion, befindet sich die ewige, aus vielen Einzelwelten bestehende Welt in einem ständigen Prozess des Werdens und Vergehens.

Anders verlief die Entwicklung in China und Japan. Im chinesischen Universismus dominiert die konfuzianische Pragmatik, das menschliche Zusammenleben, wohingegen im Taoismus die Gesetzmässigkeiten des „Gleichgewichts der Natur" wegleitend sind. Unter Volkstaoismus ist eine Mischung aus Magie und Religion zu verstehen. Die chinesische Einstellung zu den Weltenrätseln im allgemeinen, zur menschlichen Existenz im besonderen, brachte Konfuzius auf den Punkt. Auf die Frage nach seiner Meinung über das Leben nach dem Tode meinte dieser: „Wir kennen ja noch nicht einmal das Leben. Wie sollen wir da etwas zum Tode wissen?"

Alle Flüsse fliessen ins Meer…

Die Entstehungsgebiete der Asiatischen Religionen

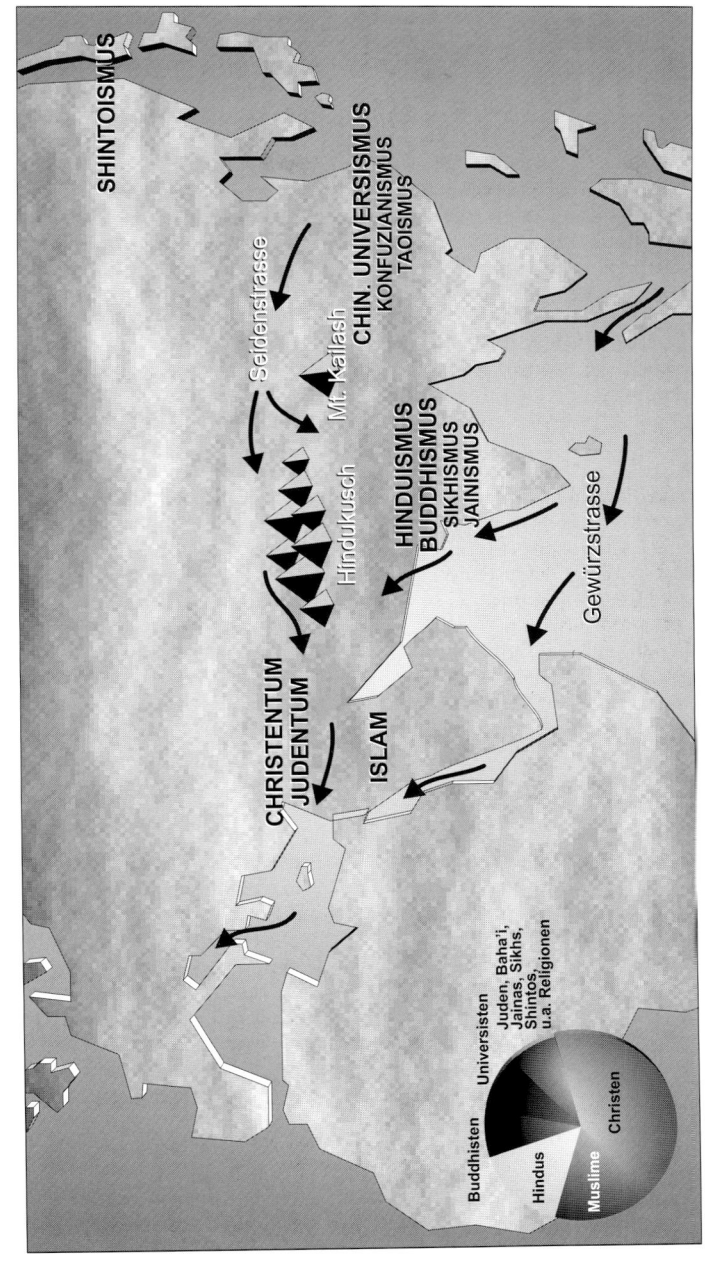

Das Judentum

Die Heimat der Religionen geschichtlicher Gottesoffenbarung ist der Vordere Orient. Zuerst entstand hier das Judentum, die älteste der drei monotheistischen Religionen. Es beeinflusste später auch wesentlich die Gedankenwelt von Christentum und Islam.

Die israelitisch-jüdische Religionsgeschichte kann in zwei Entwicklungsphasen aufgeteilt werden: Die erste Phase stellt die Religion der Israeliten dar, welche mit Moses beginnt (ca. 13. Jh. v. Chr.) und bis zum Ende des Reiches Juda und dem Beginn des Babylonischen Exils (6. Jh. v. Chr.) andauert. Darauf folgt die zweite Phase des eigentlichen Judentums.

Die *Bibel* ist die religiöse Grundlage und gilt als Urkunde der Offenbarung Gottes und als Grundvoraussetzung allen Glaubens, Lehrens und Handelns. Die herausragenden Persönlichkeiten in der Religionsentwicklung sind **Abraham, Isaak, Jakob und Moses**. Über ihr Leben und Wirken wird, verbunden mit vielen Legenden, in ausführlicher Weise in den *„fünf Büchern Mose"* erzählt.

Menorah, der siebenarmige Leuchter, ist das älteste Symbol des jüdischen Volkes. Es ist eines der am häufigsten abgebildeten Motive. Es symbolisiert das geistige Licht und das Heil. Es steht aber auch im Zusammenhang mit kosmischer Symbolik (sieben Planeten, sieben Himmel).

Abraham, Stammvater der jüdischen Gemeinde

Der Stammvater der jüdischen Gemeinde ist **Abraham**. Er kam von Haran in Mesopotamien (dem heutigen Irak) nach Hebron/Palästina. Hier liess er sich nieder. Seine Frau **Sarah** gebar ihm keine Kinder. Darum nahm er sich die Dienstmagd **Hagar** und zeugte mit ihr einen Sohn: **Ismael**. Die Islamiten und die Araber leiten *ihre* Abstammung auf diesen **Ismael** zurück.

Später jedoch gebar ihm seine Frau Sarah ebenfalls einen Sohn: **Isaak**. Die Israeliten und Juden leiten *ihre* Abstammung auf **Isaak** zurück. Nach der Geburt von Isaak wurden Hagar und ihr Sohn Ismael, auf Verlangen von Sarah, in die Wüste verstossen.

Isaak hatte zwei Söhne: **Esau** und **Jakob**. Jakob – welcher später den Ehrennamen **Israel** erhielt – hatte 12 Söhne. Aus den Nachkommen dieser Söhne gingen die *12 Stämme Israels* hervor. Abraham, Isaak und Jakob galten als die „Patriarchen der Schrift", sie hatten Gott erkannt und dienten ihm. Im übrigen waren die damaligen israelitischen Stämme noch wenig bedeutungsvoll. Sie unterschieden sich kaum von den unzähligen, namenlosen Nomadenstämmen, die irgendwo in der Wüste ihre Götter verehrten.

Moses, Stifter der Jahwe-Religion

Als eigentlicher Stifter der Jahwe-Religion gilt **Moses**. Er ist auch gleichzeitig die erste, historisch wenigstens umrissen fassbare Gestalt. Die Bibel erzählt, dass er in

Ägypten lebte. Als Kind semitischer Eltern wurde Moses deshalb im Schilf ausgesetzt, weil die Ägypter alle neugeborenen semitischen Jungen zu töten pflegten. Eine Tochter des Pharao fand das Kind, adoptierte es und ermöglichte ihm die beste Erziehung, später sogar ein Staatsamt. Schliesslich beging Moses einen patriotischen Mord an einem Ägypter und flüchtete ins Nildelta. Eine Vision Gottes veranlasste ihn, sein Volk aus Ägypten ins Gelobte Land zu führen. Ihr Weg führte durch das Rote Meer, welches sich für sie teilte, während die ägyptischen Verfolger darin ertranken. Diese Episode gehört zu den bekanntesten der biblischen Geschichte.

Auf ihren nomadischen Wanderungen gelangten die Israeliten schliesslich zum Sinai. Dort schloss **JAHWE** durch Moses einen Bund mit dem Volk Israel, dem auserwählten Gottesvolk. Moses erhielt von Gott die Steintafeln der Zehn Gebote, die ihr künftiges Leben regeln sollten. Diese Tafeln *(Dekalog)* besiegelten den von Gott gestifteten Gesetzesbund der Propheten Abraham, Isaak und Jakob. Sie wurden in der *Bundeslade (einer vergoldeten Truhe aus Akazienholz)* aufbewahrt und auf der Volkswanderung stets mitgetragen. Später kamen sie in den *Ersten Tempel des Salomo* in Jerusalem.

Moses gilt als Stifter der israelitischen Religion. Dies trotz der Tatsache, dass er „nichts Neues" schuf, sondern an Bestehendes anknüpfte: Bestehenden Elementen wurden neue angefügt, und der monotheistische Glaube gewann zusätzliche Bedeutung. Hierbei hatten sicher auch ägyptische Versuche einer monotheistischen Reform der Gottheiten (*Verehrung des Aton, d.h. der Sonnenscheibe*) einen entsprechenden Einfluss. Historisch von Bedeutung ist, dass Moses seinem Volk einen Gott gab, dem es ***ausschliesslich*** zu dienen hatte. Für ihre Zukunft fixierten sich die Israeliten ganz auf Jahwe.

Um ca. 1200 v. Chr. wanderten die israelitischen Stämme in weniger besiedelte Kulturland Palästina ein. Dort vermischten sie sich mit bereits ansässigen Stämmen. Um ca. 1000 v. Chr. vereinigten sich die Stämme Juda und Israel zu einem Königreich unter **König David**. *Jerusalem* wurde zur *politischen und sakralen Hauptstadt*. Der Nachfolger **Salomo** errichtete den *„ersten Tempel"*, einen umfangreichen Palastkomplex mit einem königlichen Heiligtum. Hier sollte künftig auch die Bundeslade mit den Gebotstafeln aufbewahrt werden und ein zentrales Heiligtum darstellen.

*Der **David-Stern**, ein Glaubens-Symbol und nationales Emblem des Staates Israel.*

Aber bereits die Herrschaft dieser beiden Regenten endete in Streit und Spaltung: Es entstand das *Königreich Israel* im Norden und das *Königreich Juda* im Süden.

Die Israeliten und die Juden hatten nicht nur untereinander Streit, sondern sie mussten sich auch gegen äussere Feinde wehren. Der ganze damalige Nahe Osten lebte in unruhigen Zeiten. Als gravierendste Episode für das jüdische Volk während jener Zeit sei nur das Babylonische Exil erwähnt: Jerusalem wurde im 6. vorchristlichen Jahrhundert zerstört, Juda wurde babylonische Provinz, und grosse Teile der Bevölkerung wurden zu Zwangsarbeit deportiert.

Die Propheten – Heranbildung und Festigung des Glaubens

Von grosser Bedeutung in der jüdischen Religionsentwicklung war die Zeit der Propheten vom 8. bis zum 6. Jahrhundert v. Chr. Durch sie wurden die Visionen von Moses erneuert. Die Propheten scheuten sich nicht, Prunk, Macht und Reichtum zu hinterfragen und anzuprangern. Auf revolutionäre Weise verliehen sie den Armen eine Stimme. Deshalb schmähte man sie, warf sie ins Gefängnis und steinigte sie sogar.

Doch der Glaube dieser Revolutionäre Gottes blieb unerschütterlich; sie galten als lebendiges Gewissen ihres Volkes. Heranbildung, Festigung des Glaubens sowie strikter Monotheismus sind das Werk der Propheten: Jesaja, Elia, Jeremia, Zacharias, Daniel und viele andere. Sie festigten den Glauben an das Dasein eines einzigen Gottes, der über die ganze Welt gebietet.

Im Laufe seiner Geschichte war das jüdische Volk noch und noch in Kriege verwickelt, es geriet in Gefangenschaft und Knechtschaft. Der jüdische Glaube wurde immer wieder auf harte Proben gestellt. Der lange Leidensweg schweisste die jüdische Gemeinde zur Schicksalsgemeinschaft: Der jüdische Glaube überlebte in Versöhnung.

Das jüdische Volk sah immer wieder die Führung durch ihren Gott Jahwe als den primären Gedanken ihrer eigentlichen Existenz. Damit wurde Gott aufs engste mit der Geschichte dieses Volkes verbunden. Ihr Glaube entwickelte eine enorme Widerstandskraft. Selbst ganze Armeen, etwa jene der Griechen und ihrer Nachfolger, brachten es nicht zustande, diese Widerstandskraft zu brechen. Es gelang dies weder Alexander dem Grossen, den Syrern, noch den Römern. Sie machten Palästina zu einer römischen Provinz, die sie von jüdischen Marionettenfürsten (*Herodianern*) regieren liessen.

Im Jahre 70 unserer Zeitrechnung erfolgte die Besetzung der Stadt Jerusalem sowie die Zerstörung des *Zweiten Tempels* durch die Soldaten des römischen Kaisers Titus. Später gar verbot man den Juden, Jerusalem zu betreten. Nach der Zerstörung Jerusalems wurden die Juden über alle Länder des Nahen Ostens und Europas verstreut und lebten fortan in der *Diaspora*. Sie blieben ohne eigene Heimat bis zum Jahre 1948, dem Gründungsjahr des heutigen Staates Israel.

Einige Kerngedanken des Glaubens

▼   Vorbedingung für die Zugehörigkeit zum jüdischen Glaubensbekenntnis ist der Glaube an einen einzigen Gott; er ist ein eifersüchtiger Gott und kein anderer wird neben ihm geduldet. Also

Hinwendung zu einem absoluten und strikten *Monotheismus.*

▼ Im wahrsten Sinne des Wortes ist Gott der Schöpfer aller Dinge. Die sittliche Weltordnung ist ein von *Ihm* geschaffener Zustand. Kraft seiner Macht kann nur *Er* sie auflösen.

▼ Es ist undenkbar für die Gläubigen, Gott in einem Abbild nahezukommen. Selbst sein Name **JAHWE** wird in Form der vier Buchstaben **J.H.W.H.** dargestellt. Die Juden vermieden es seit etwa 300 v. Chr. den Namen Jahwe auszusprechen. Sein heiliger Name wird eher als *„Adonai" (Herr)* oder als *„Elôhîm" (Gott)* angebetet.

▼ Für die Gläubigen beginnt der Anfang mit der Schöpfung. Diese „Weltgeschichte" wird mit der Vernichtung des Bösen ihr Ende finden: Ein einmaliges, unwiederholbares Geschehen.

Ich bin Jahwe, dein Gott.

Du sollst keine anderen Götter haben neben mir.

Du sollst Dir kein Gottesbild machen.

Du sollst den Namen Jahwes, deines Gottes, nicht zum Meineid aussprechen.

Denke an den Tag des Sabbats.

Ehre deinen Vater und deine Mutter.

Du sollst nicht töten.

Du sollst nicht ehebrechen.

Du sollst nicht stehlen.

Du sollst gegen deinen Nächsten nicht aussagen als Zeuge der Lüge.

Du sollst nicht begehren das Haus deines Nächsten.

▼ Eine völlige Unterwerfung und die strikte Einhaltung der Lehre und der Gebote sind zwei der Bedingungen, um das Seelenheil zu erreichen.

▼ Einerseits sind die Taten und das Handeln des Menschen massgebend für das Schicksal seiner Seele in der Ewigkeit (die dem Weltenende folgt), andererseits ist aber Gott als letzte Instanz zuständig für deren endgültigen Verlauf.

Die religiösen Schriften

Es gibt eine wahrhaftige Fülle von religiösen Schriften. Über Jahrtausende haben sich Schriftgelehrte und Rabbiner mit der Auslegung der religiösen Werke befasst. Die elementare Basis bilden die nachstehenden Bücher:

Bibel: Sie ist die Grundlage der religiösen Schriften. Die hebräische Bibel besteht aus 24 Büchern (daraus ist auch das *Alte Testament* hervorgegangen) und umfasst drei Schriftenkomplexe: **Thora** (*das Gesetz*), die *„fünf Bücher Mose"* (auch *Pentateuch* oder *Fünfrollenbuch* genannt), **Nebi'im** (*die Propheten*) und **Kethubim** (*die Schriften*).

Talmud: (*hebräisch = Studium, Lehre*) Zusammenfassung der gesamten jüdischen Tradition, speziell die Auslegung des biblischen Gesetzes (*Thora*) und der nachbiblischen Gesetzes-Überlieferung. Die in der Bibel enthaltenen Gesetze wurden durch die Rabbiner für den Alltag ausgelegt und erläutert. Die Ausführungen gelten als verbindliche Richtlinie für das Leben in der jüdischen Gemeinschaft. Dieses Literaturwerk hat eine einzigartige Bedeutung gewonnen und wesentlich zum Zusammenhalt des Judentums in der *Diaspora (Zerstreuung als Minderheit)* beigetragen. Der *Talmud* ist in zwei Versionen überliefert: Der *„Talmud Erez Jisrael" (der Talmud des Landes Israel),* der auch als *Jerusalemischer Talmud (Jeruschalmi)* bezeichnet wird, und der *„Talmud Babli",* der *babylonische Talmud.* Wesentliche Teile des *Talmuds* sind *Mischna, Gemara, Haggada* und *Halacha:*

***Mischna** (hebräisch = wiederholt Gelerntes)* sind verbindliche Vorschriften für alle Lebensfragen, aufgeteilt in sechs Ordnungen betreffend die Satzungen für die Landwirtschaft, die Gebote für die Feiertage, die Ehegesetze, Traktate zum Zivil- und Strafrecht, Speisegesetze und Kultvorschriften sowie Reinheitsgesetze.

***Gemara** (aramäisch = Erlerntes)* werden die Niederschriften von Diskussionen über die *Mischna* genannt. In der *Mischna* offengelassene Fragen versucht die *Gemara* abzudecken.

***Haggada** (hebräisch = Aussage)* ist die Bezeichnung für die vorwiegend erzählenden Teile des *Talmuds.* Dieser Bereich umfasst ethische Lehren, Weisheiten, Legenden, Gleichnisse, Predigten und dergleichen. Sie sollen das Gemüt anregen, die Seele erheben und Zukunftshoffnungen anregen.

***Halacha** (hebräisch = Gehen, Wandeln/Gang – was gang und gäbe ist")* ist der massgebende, auf ein bestimmtes Tun oder Nichttun gerichtete Teil des *Talmuds.* Es handelt sich dabei um Rechtsbestimmungen mit religionsgesetzlicher Verbindlichkeit.

Der Kult: Sitten und Gebräuche, Gegenstände und Begriffe

Der Alltag strenggläubiger Juden wird von Gebeten, Ritualen, Waschungen und bestimmten Begehungen dominiert. Für den frommen Juden gelten 613 Gebote, die er einhalten muss, davon sind 248 *„Du sollst"-Gebote* und 365 *„Du sollst nicht"-Verbote.* Dazu gehören Reinheits- und Speisegesetze, soziale und ethische Gesetze, Speiseverbote, Ehegesetze, Sexualvorschriften usw.

Koscher:** (hebräisch/jiddisch: kascher = rein)* Die jüdischen Speisegebote sind sehr wichtig. Sie definieren sehr genau, was gegessen, beziehungsweise gemieden werden soll. ***Erlaubt ist: Fleisch von Wiederkäuern mit gespaltenem Huf, sowie bestimmte Fischsorten und Vögel. Milch und Eier sind nur von „reinen Tieren" erlaubt. ***Verboten ist:*** Das Fleisch von Schweinen, Kamelen, Hasen, Insekten, Aas und Gerissenes, gewisse Fetteile und das gesamte Hinterteil; auch Blut ist verboten.

***Schächtung:** (hebräisch: Schechita = Schlachtung)* Das vorschriftsgemässe, rituelle Schlachten des Tieres ist absolute Bedingung für jeglichen Fleischverzehr. Nur ein Schnitt durch Halsschlagader, Speise- und Luftröhre des Tieres ermöglicht optimales Ausbluten, also maximale Reinheit für den Verzehr.

Speisentrennung: Der gleichzeitige Konsum von Fleisch- und Milchspeisen ist nicht gestattet. Die beiden Speisegruppen dürfen sich nicht einmal berühren. Im rituell geführten Haushalt sind deshalb zweierlei Töpfe, Geschirr und Besteck erforderlich. Dieses Auseinanderhalten ist unerlässlich. Oftmals tun sich für die Festtage zwei jüdische Familien zusammen, d. h. die eine bereitet die Fleisch-, die andere die Milchspeisen zu.

Für den jüdischen Gläubigen ist die Familie heilig. Die ihm dadurch entstehenden Pflichten sind erstrangig. In seiner Verbundenheit mit der Familie bekräftigt der Jude auch jene zum Judentum. Das Gebet gehört zu den täglichen Pflichten; es wird in festgelegter Form am Morgen, Mittag und am Abend gesprochen. Dabei gibt es auch einige Merkmale und Gegenstände die von Wichtigkeit sind, so z.B.:

Tallit: Der Gebetsmantel, der für das Morgengebet umgehängt wird.

Tefillin: Eine kleine Schachtel mit Pergamentröllchen auf denen vier Thora-Passagen stehen. Mit Hilfe eines Gebetsriemens wird eines davon am Arm und eines am Kopf getragen.

Jarmulke: Das Käppchen der frommen Juden, Zeichen der Gottesverehrung.

Misrach: Gebetsrichtung zum Tempel in Jerusalem oder nach Osten (Sonnenaufgang). Gebete werden stets in diese Richtung gesprochen. In Häusern von Juden findet sich die Misrachtafel mit Psalm-Auszügen an der entsprechenden Wand.

Mesusa: Türpfosten. In Wirklichkeit ein Kästchen mit dem *„Schma Yisrael"* und Versen der Heiligen Schriften. Es hängt an der Eingangstüre. Die Mesusah wird beim Betreten oder Verlassen des Hauses oft geküsst. Damit wird kundgetan, dass dies ein jüdisches Haus ist, ist doch das Haus für den frommen Juden Mittelpunkt seines Glaubens; wie die *Synagoge* ist es ein Tempel Gottes.

Rituale: Das Ritualgesetz unterscheidet sehr streng zwischen *rein* und *unrein*. Unrein sind menstruierende Frauen, bestimmte Krankheiten, aber auch die Berührung einer Menschen- oder Tierleiche. Der fromme Jude wird danach trachten, nicht mit einem Toten unter demselben Dach zu weilen. Kultische Unreinheit muss durch bestimmte Begehungen, Waschungen, Gebete und Gesang neutralisiert werden.

Beschneidung: Schon am achten Tag nach der Geburt werden die Knaben beschnitten. Diese Vorschrift geht auf das alte Testament zurück, gilt als *„Bundeszeichen"* und soll Gottes Bund mit Abraham in Erinnerung rufen.

Bar Mizwa: Mit 13 Jahren wird ein Knabe gebotspflichtig, er wird zum *„Bar Mizwa"*, d. h. zum Sohn der Pflicht. Er ist nun Mitglied der Gemeinde und legt die Gebetsriemen an.

Konversion: Als Jude gilt, wer von einer jüdischen Mutter geboren wurde. Ein Nicht-Jude kann in die jüdische Gemeinschaft als „Proselyt" (griech.: Hinzugekommener) aufgenommen werden. Dies bedingt seine Annahme des mosaischen Gesetzes *(insbesondere die Beschneidung)* und den Übertritt nach orthodoxem Ritus zum Judentum.

Sabbath: Der Samstag als jüdischer Feiertag ist ausschliesslich Gott zum Dank für die Schöpfung gewidmet. Der Sabbath *(hebräisch für Ruhe)* beginnt mit Sonnenuntergang am Freitag und endet mit Sonnenuntergang am Samstag. Beschäftigungen jeglicher Art sind strikte untersagt. Dazu gehören nicht nur die täglichen Verrichtungen; das Verbot umfasst auch Rauchen, Reisen, Schreiben und Telefonieren. Bei strikter Interpretation ist selbst das Betätigen des Lichtschalters oder Drücken des Liftknopfs verboten *(Sogenannte Sabbath-Aufzüge halten in Israel automatisch in allen Etagen!).* Natürlich ist auch Kochen verboten *(Die Hausfrau wird deshalb die Mahlzeiten zuvor anrichten).* Der Sabbath beschränkt sich auf Spaziergänge zur Synagoge, Spiele im Familienkreis und Gespräche. Abends hält der Vater eine kurze Andacht, spricht den traditionellen Segen über Brot und Wein. Danach dürfen alle vom Sabbathwein trinken.

Das Passah-Fest: Auch Pesach-Fest genannt, ist das grösste jüdische Fest zur Zeit des Frühlings-Vollmondes (März/April). Der erfolgreiche Auszug aus Ägypten und die mit Gottes Hilfe mögliche Teilung des Roten Meeres beim Auszug wird damit beschworen.

Gebete und Speisen des *Passah-Mahls (Seder)* sind vorgeschrieben. Die einzelnen Speisen haben besondere Bedeutung und erinnern an Episoden während der ägyptischen Knechtschaft, Auszug und Bundesschluss im Sinai. Dazu gehören u. a. *ungesäuertes Brot, Moraur (Bitterkraut)* und *Charosset*.

Ungesäuertes Brot: Als der Pharao die Juden ziehen liess, konnten diese nicht einmal ihre Brote fertigbacken; sie mussten sie ungesäuert auf dem Rücken forttragen. Zur Erinnerung ans Elend der ägyptischen Knechtschaft und an den überstürzten Auszug befahl Gott Moses, fortan ein siebentägiges Fest zu feiern. Dabei dürfe nur *ungesäuertes* Brot *(Mazzot)* verzehrt werden. Oft bakken „Experten" dieses Brot: Damit der Teig nicht aufgeht, beträgt die Backzeit für dieses *„Brot des Elendes"* lediglich acht Minuten.

Charosset: Mischung aus Äpfel und Nuss. Sie gilt als Symbol für den Mörtel jener Bauwerke, welche die Juden im Frondienst für den Pharao zu verrichten hatten.

Die Vorbereitungen für das Fest dauern eine Woche. Sie umfassen eine gründliche Hausreinigung zur Tilgung jeglicher Krümel *gesäuerten* Brotes. Spezielles Passah-Geschirr ersetzt das normalerweise verwendete. Im Kerzenlicht sucht die ganze Familie am Vorabend des Festes nach allerletzten Resten gesäuerten Brotes. Noch vor dem Fest wird dieses nach Möglichkeit im Freien verbrannt. Dies soll eine Verunreinigung des Hauses durch unverbrannte Hefe vermeiden. Rituale wie dieses sollen Vorfreude und Erwartung fürs Fest vergrössern.

Weitere Feste: Das **Shavuot**, 49 Tage nach dem Passah-Fest, erinnert an den Empfang der Zehn Gebote. Im Sept./Okt. folgen das Neujahrsfest **Rosh Hashanah**, **Yom Kippur**, der Tag der Versöhnung (ganztägiges Fasten und Beten) und **Sukkoth**, das Laubhüttenfest, erinnernd an den Aufenthalt der Kinder Israels in der Wüste. **Hanukkah** *(Chanukka),* das Lichterweihefest im Dezember, gilt dem Gedenken an die Wiederentzündung des Tempellichtes anlässlich der Wiederherstellung des jerusalemischen Heiligtums im 2. Jh. A.D. Das **Purimfest**, im Februar/März, erinnert an die Errettung vor persischer Verfolgung (eine Art Karneval für die Kinder).

Schlussbetrachtung

Die Eigenheiten der jüdischen Religion mit den rituellen Besonderheiten, der familiäre Zusammenhalt, ihr Leben im eigenen Glaubenskreis, brachte schon immer eine Tendenz zur Absonderung mit sich. Der Sinn für die jüdische Gemeinschaft wurde stets gefördert durch das starke Festhalten an alten Traditionen. Während Jahrhunderten in der *Diaspora* war ihnen eigener Landbesitz versagt, viele praktische und handwerkliche Berufe blieben ihnen verschlossen. Eine starke Entwicklung intellektueller Fähigkeiten war die Folge. Die Juden machten den Talmud zur geistigen Heimat, das Studium der Heiligen Schriften wurde Lebensinhalt. Ihr Glaube blieb dabei stets unerschütterlich.

Erst nach der Französischen Revolution begann für das jüdische Volk die Emanzipation mit staatsbürgerlichen Rechten und Pflichten. Im 19. Jahrhundert erst ermöglichte ihnen ihr jahrtausendealtes, geistiges Fundament einen gebührenden Platz in der Völkergemeinschaft.

Das Judentum ist auch heute noch über die ganze Welt verstreut, vor allem in Nord- und Südamerika, Europa sowie den osteuropäischen Staaten. Logischerweise bleibt Israel der Referenzpunkt. Im Judentum sind Religion und Geschichte untrennbar miteinander verknüpft. Immer wieder wird das Drama des ersten Auszugs beschworen: Verfolgung und Unterdrückung, Befreiung durch Gottes Gnade, die Anbetung Gottes. Unzählige Male waren sie in Knechtschaft: Babylon, Ägypten, spanische Inquisition, Drittes Reich. Immer waren sie der Dezimierung, gar völliger Vernichtung, nahe. Doch immer überlebten einige wenige – Jesaias nannte diese Überlebenden „*den rettenden Überrest*" – derweil die pharaonischen Dynastien und andere mächtige Reiche mit ihren Armeen längst im Meer der Geschichte versunken sind. Die Juden betrachten **DIES als das Wunder Gottes: Das jüdische Mysterium**.

Die Familie Abrahams

Mit Abraham hat alles angefangen. Das Judentum, das Christentum und der Islam anerkennen ihn als ihren gemeinsamen Stammvater. Die drei grossen Religionen „des Buches" haben ihre Wurzeln im „Heiligen Land". Sie kommen sich dort in die Quere, wie das in einer Familie bei den Kindern vorkommt. Das Verhältnis unter Geschwistern ist oftmals gespannt, manchmal gleichgültig und – seltener – harmonisch.

Da gibt es in Jerusalem den schicksalsträchtigen Tempelberg „Moriah". Kaum ein Stein birgt soviel Geschichte und Legenden wie der Fels auf dessen Spitze. Gemäss der Überlieferung soll Abraham hier sein Gottvertrauen unter Beweis gestellt haben, als er der Stimme des Herrn folgte: „Nimm deinen Sohn, deinen einzigen, den du liebhast, und gehe hin ins Land Moriah und opfere ihn daselbst als Brandopfer auf einem der Berge, den ich dir nennen werde." (1. Mose; 22.2). Salomo errichtete hier seinen ersten Tempel. Mohammed ritt auf seinem Hengst Burak von diesem Fels aus gen Himmel.

Beträchtlich ist auch die Zahl der heiligen Stätten der drei monotheistischen Religionen auf kleinem Raum. Um nur die wichtigsten zu nennen: Für die Juden die Klagemauer, die heiligste Erinnerung an die vergangene Herrlichkeit; die Geburtskirche, die Via Dolorosa und die Grabeskirche für die Christen und schliesslich der Felsendom (die Omar-Moschee) und die Al Aksa Moschee (im Koran „der ferne Tempel" genannt) für die Araber.

Auch in den endzeitlichen Vorstellungen kommen sich Juden, Christen und Muslime ins Gehege. Der Tempelberg und das Kidron-Tal mit dem Ölberg dahinter ist die Gegend, die mit der Himmelfahrt Jesu, dem Kommen des Messias und dem jüngsten Gericht verknüpft ist.

— ❖ —

Der Islam

„Der Islam ist die von Mohammed gewählte Bezeichnung für seine von ihm begründete und verkündete Religion.

„Islam bedeutet *„Hingabe"* (an Gott) oder *„Unterwerfung"* (an Allah). Ihre Bekenner heissen *Muslime* oder *Islamiten*. Den Ausdruck Mohammedaner betrachten die Muslime wegen sachlicher Unkorrektheit als falsch. Sie wollen nicht den Anschein erwecken, dass sie Mohammed in ähnlicher Weise verehren wie die Christen Jesus Christus. Wie Juden- und Christentum verehrt auch der Islam einen einzigen, allmächtigen Gott. Dennoch unterscheidet er sich von diesen beiden Religionen grundsätzlich: Allah ist weder der zürnende Vatergott der Juden noch der barmherzige Gottvater der Christen. Der Islam sieht alles bei Gott vorbestimmt und neigt daher stark zum Fatalismus: Grosse Werke zu schaffen ist dem Menschen nur möglich, wenn Gott es so vorbestimmt hat. Gott bestimmt über Erfolg und Misserfolg, Anfang und Ende aller Taten.

Der Islam ist die jüngste der fünf grossen Religionen der Menschheit. In mancher Beziehung ist sie die einfachste und konkreteste Glaubenslehre. Sie verehrt einen einzigen allmächtigen Gott. Ihr Verkünder **Mohammed** war weder Erlöser noch Messias, sondern „bloss" ein von Gott auserwählter Bote für die Verkündigung eines neuen Glaubens. Mohammed als „Siegel der Propheten", der vierte und zugleich letzte biblische Prophet nach **Ibrahim (Abraham), Mussa (Moses)** und **Jsa (Jesus)**.

Mit **Ibrahim** hat alles begonnen: Nach der Heirat mit der jüdischen Frau Sarah nahm er sich eine Dienstmagd als Nebenfrau: **Hagar**. Sie gebar ihm den Sohn **Ismail**. Auf Verlangen von *Sarah* wurden Mutter und Sohn jedoch in die Wüste der arabischen Halbinsel verstossen, und **Ibrahim** brachte sie nach *Al Safa*, ganz in der Nähe des heutigen *Mekka*. Die Islamiten und Araber leiten dadurch ihre Abstammung auf **Ismail** bzw. **Ibrahim (Abraham)** zurück.

Mohammed – „Das Siegel der Propheten"

Mohammed also ist der Begründer des Islams. Er wurde 570 A.D. in Mekka als Sohn des Abdallah und Amina vom Stamme der *Kuraishiten* geboren. Früh verwaist, musste er sich als Hirtenjunge durchbringen. In seiner Jugend hatte er genügend Gelegenheit, die Riten der Mekkapilger zu beobachten. Dabei lernte er auch Verachtung, denn die *Kuraishiten*, als Wächter der Kaaba, erhoben für den Besuch der Heiligtümer happige Gebühren. Die Stadt war damals ein blühender Umschlagsplatz an der alten Gewürzstrasse von Indien nach Syrien.

Je mehr den jungen Mohammed Götzendienerei und Fetischismus anwiderten, desto grössere Achtung flössten ihm der jüdische und christliche Monotheismus ein. In Mekka bestand die Möglichkeit, all die verschiedenen Religionspraktiken zu beobachten, denn in Mekka als Karawanenzentrum verkehrten Anhänger verschiedener Glaubensrichtungen. Nicht zuletzt kamen heidnische, arabische Stämme auf Wallfahrt hierher. Das berühmteste Objekt ihrer Verehrung war die **Kaaba** *(wörtlich: Würfel)*. Neben zahlreichen Götzenbildern barg dieses Gebäude in der Form eines Kubus den „schwarzen Stein", einen Meteoriten. Dieser Kleinkörper mit einem Durchmesser von etwa 30 Zentimetern war schon ein Kultmittelpunkt der Religionen im vorislamischen Arabien. Der Legende gemäss soll der Stein vom Himmel gefallen sein, als Abraham und sein Sohn Ismail die Kaaba bauten und nach einem Markierungsstein suchten.

Als 20jähriger wurde Mohammed von der reichen Witwe Chadischa als Hilfskaufmann angestellt. Bald stieg er zum Leiter ihrer Handelskarawane auf. Mit 25 heiratete er die um 15 Jahre ältere Witwe.

Mohammed wäre ein Dasein als begüterter Handelsherr sicher gewesen, hätten nicht Visionen in einer Höhle bei Mekka sein Dasein von Grund auf verändert. Daselbst erschien ihm der Erzengel Gabriel und rief: *„Lies im Namen Deines Herrn, was Dir offenbart wird!"* Mohammed gehorchte. Dabei formten sich seine Worte zu den ersten Sätzen des Korans.

Zunächst von Furcht überwältigt, wuchs beim Erlebnis weiterer Visionen in ihm die Gewissheit, Prophet Allahs, des einzig wahren Gottes, zu sein. Als erste glaubte seine Frau an ihn, verlieh ihm Mut und Unterstützung. Zu den Anhängern der ersten Stunde gehörte neben Chadischa der Tuchhändler **Abu Bekr**. Dieser wurde später sein Nachfolger. Mit der Zeit schlossen sich ihm auch einflussreiche Leute an. Doch die Opposition der meisten Bewohner Mekkas war stark, derart, dass er seine Heimatstadt verlassen und nach Jhatrib, dem heutigen *Medina (Medinet en Nebbi = die Stadt des Propheten),* fliehen musste. Diese Flucht, beziehungsweise Emigration – man schrieb den 15./16. Juli im Jahre 622 – ging als *„Hedschra"* in die Geschichte ein: Es markiert den Beginn der islamischen Zeitrechnung.

Bald war Mohammed der einflussreichste Mann in Medina, entwickelte sich zum Staatsmann und Heerführer. Er errichtete eine Moschee, und diese wurde das zweite grosse Heiligtum des Islams. Inzwischen war seine Frau Chadischa gestorben, und der nunmehr 50jährige Mohammed heiratete in Medina die 12jährige Tochter Aischa seines Freundes Abu Bekr.

Mohammed trachtete danach, seine Geburtsstadt Mekka, den Ort seiner ersten Offenbarung, zu erobern. Aus einer Reihe von Scharmützeln wurde offener Krieg. Im Jahre 630 schliesslich betrat Mohammed Mekka als strahlender Sieger. Er liess Milde walten, verzichtete auf Rache. Die Strategie zahlte sich aus: Bald waren Mekkas Bewohner seine eifrigsten Anhänger. Die Götzenbilder und Fetische der Kaaba wurden zerstört. Den schwarzen Stein hingegen liess Mohammed unangetastet. Dieses Heiligtum am Ort seiner neuen Religion sollte fortan Mittelpunkt der Wallfahrt sein. Während der folgenden zwei Jahre festigte er seine religiöse und weltliche Macht derart, dass auch sein Tod dem neuen Glauben keinen Abbruch tun konnte. Mit staatsmännischer Weitsicht schmiedete Mohammed, zu Lebzeiten noch, die arg zerstrittenen arabischen Stämme in einem theokratischen Staat zusammen.

Am 8. Juni 632 starb er in den Armen seiner Lieblingsfrau Aischa: *„Der Freund, der Höchste aus dem Paradies!"* waren seine letzten Worte.

Mit Mohammed starb ein Mann, der mit unbeirrbarer Überzeugung aus den Offenbarungen eines Jahrzehnts eine bedeutende Religion begründete. Sein Leichnam ruht in Medina, sein Grab liegt in Medinas erweiterter Moschee. Nach seinem Tode verbreitete sich seine Lehre rasant, um vieler Länder Geschichte grundlegend zu beeinflussen.

Das Kalifat und die Ausbreitung des Islams

Mohammed hatte keinen Sohn und hinterliess kein Testament. Auch unterliess er es, einen Nachfolger zu bestimmen. Bis heute blieb die ungeregelte Erbfolge jenes Problem, über das die Muslime am meisten Blut vergossen.

Abu Bekr, von frühester Stunde an dabei und Nachfolger Mohammeds, hielt mit grossem Geschick Mohammeds Reich zusammen. Doch er starb bereits nach zwei Jahren, im Jahre 634. Auf Abu Bekr folgte **Omar**, eine der bedeutendsten Persönlichkeiten des Islams. Unter ihm erfolgte die gewaltige Expansion: In kurzer Zeit

Jama-Masjid-Moschee in Delhi (17. Jh.). Einer der prachtvollen Bauten aus der Zeit der Mogul-Dynastie in Indien. Es war dies wohl die bedeutungsvollste Ausbreitung des Islams nach dem Eroberungssturm über den Nahen Osten und Nordafrika.

Kaaba in Mekka, geistige Mitte des Islams. Der Koran schreibt Abraham und Ismael sein Fundament zu. Beim Umrunden des höchsten Heiligtums rufen die Wallfahrer: „Dir gehöre ich, o Herr!" So erleben Muslime aller Rassen, Hautfarben, sozialen Schichten und politischen Strömungen ihre Einheit und Gleichheit vor Allah.

war ein grosser Teil des westlichen Orients islamisiert. Zwischen 635 und 642 eroberte Omar Syrien, Irak, Palästina, Ägypten. Das Persische Reich fiel 650. Der „*Krieg der grünen Fahne*", der Heilige Krieg, war nicht zuletzt deshalb so erfolgreich, weil er in der Überzeugung geführt wurde, damit der Sache Gottes zu dienen. Ein christlicher Sklave erdolchte Omar im Jahre 644. Als dritter Erbe kam **Osman.** Zwar erwarb sich dieser mit dem Sammeln von Koranversen Verdienste, doch war seine Regentschaft im Volke stark umstritten. 656 wurde auch er ermordet. Sein Blut, so die Legende, vergoss er über ein Exemplar des Korans.

Vierter Nachfolger Mohammeds wurde dessen Vetter und Schwiegersohn **Ali** (er war mit Fatima, einer Tochter Mohammeds, verheiratet). Auch er wurde, 661, ermordet.

Der Islam stürmte derweil weiter ost- und westwärts. Die Eroberung verlief derart stürmisch, dass die islamische Herrschaft kaum konsolidiert werden konnte. Man begnügte sich damit, die Unterworfenen tributpflichtig zu machen. Ostwärts drangen die Araber bis Indien vor, im Westen erreichten sie die Gestade des Atlantiks. Von Marokko setzte der Islam nach Spanien und Portugal über, drang über die Pyrenäen ins Herz Frankreichs vor. Erst in der berühmten Schlacht von Poitiers setzte der Frankenkönig Karl Martell dem islamischen Vormarsch ein abruptes Ende; man schrieb das Jahr 732. Noch war die Bedrohung des Abendlandes nicht abgewendet, wurde doch der ganze Balkan eine Beute des Islams; Konstantinopel fiel 1453. Erst mit der Seeschlacht von Lepanto (1571) und nach der Schlacht vor Wien (1683) war das Vordringen des Islams in Europa endgültig ausgebremst.

Um das Jahr 1000 fielen die Araber im indischen Subkontinent ein, um während der folgenden Jahre grosse Teile davon zu erobern. Die glanzvollen Dynastien der Grossmogulen von Delhi herrschten jahrhundertelang über grosse Teile des heutigen Indien. Im 15. Jahrhundert erreichte der Islam Java/Indonesien. Diesmal nicht auf kriegerischem Wege, sondern durch Kaufleute und Seefahrer. Auch Malaysia und der Süden der Philippinen sind heute islamisch.

Die Verbreitung des Islams erfolgte grösstenteils mit Waffengewalt. Die friedliche Ausbreitung fand zur Hauptsache erst in jüngster Zeit statt: Weite Teile Schwarzafrikas (Westafrika inklusive Zaire und Nigeria, der Sudan, Kenya und Tanzania) wurden unblutig erobert.

Der Koran, das heilige Gesetzbuch

Die heilige Schrift des Islams ist der Koran. Das in *114 Suren (Kapitel)* geordnete Werk ist in arabischer Reimprosa abgefasst. Es ist nicht bekannt, ob der gesamte Koran zu Mohammeds Lebzeiten niedergeschrieben wurde. Für den Muslim ist der Koran das Wort Gottes. Auf ihm beruht auch das Gesetz. Er ist nicht in chronologischer Reihenfolge geordnet, sondern nach der Länge der Suren; die längeren stehen am Anfang, die kurzen am Schluss. Die zweite Sure zählt zum Beispiel 286 Verse, die letzte noch einige wenige. Die erste Sure heisst „Al-Fathia" und ist eine Anrufung Allahs, die Quintessenz des Islams schlechthin. Sie ist zu vergleichen mit dem christlichen Vaterunser. Dieses eröffnet jede öffentliche oder private Kulthandlung; kein feierlicher Akt wäre ohne diese Präambel vollkommen:

„Im Namen Allahs, des Gnädigen, des Barmherzigen. Preis sei Allah, dem Herrn der Welten, dem Gnädigen, dem Barmherzigen, dem Herrscher am Tage des Gerichts. Dir alleine dienen wir, und zu Dir allein flehen wir um Beistand. Führe uns auf den rechten Weg, den Weg derer, denen Du Deinen Segen gewährt hast, die nicht (Dein) Missfallen erregt haben und die nicht irregegangen sind...!"

Qutb Minar, *das wohl vollkommenste Minarett der Welt, steht in Delhi. Es ist ebenfalls Zeuge einstiger Eroberungszüge des Islams auf dem indischen Subkontinent.*

Von den 114 Suren beginnen 113 mit den Worten *„Im Namen Allahs, des Gnädigen, des Barmherzigen".* Es ist dies die Formel, welche Muslime bei Beginn all ihrer wichtigen Vorhaben um Gottes Beistand rezitieren.

Der Inhalt des Korans ist äusserst mannigfaltig; keine Übersetzung hat Geist, Aussagekraft und die plastisch-eindringliche Sprache des arabischen Originals präzise wiederzugeben vermocht. Neben den von religiöser Inbrunst getragenen Lobpreisungen Gottes und der lebendigen Darlegung seiner Barmherzigkeit, stehen eindrucksvolle Schilderungen des Jüngsten Gerichts, der Schönheiten vom Paradies oder der Qualen der Hölle. In allen Koranschulen und Moscheen wird tagtäglich der Koran rezitiert. Der Koran gehört nicht zuletzt deswegen zu den bekanntesten Büchern der Menschheit.

Das Symbol des Islams ist das „Glaubensbekenntnis" und nicht Halbmond und Stern, wie oft irrtümlich angenommen. Diese wachsende Mondsichel mit dem glücklichen Stern ist ursprünglich ein türkisches Sinnbild, welches sich im Laufe der Zeit zu einem zusätzlichen Symbol des Islams entwickelt hat.

Die Fünf Pfeiler des Islams

Mohammed hat weder eine organisierte Priesterschaft eingesetzt noch initiierte er Sakramente. Aber er verordnete seinen Anhängern, nebst einigen Nebenvorschriften, fünf Pflichten. Man nennt sie heute *„Die Fünf Pfeiler des Islams"*:

1. *Glaubensbekenntnis (shahada)*
2. *Ritualgebet (salat)*
3. *Zahlen einer Armensteuer (sakat)*
4. *Fasten während des Monats Ramadan (sawm)*
5. *Pilgerfahrt nach Mekka (hadjdj)*

Dass diese fünf Grundpflichten eingehalten werden, ist gut einsehbar. Gläubige Islamiten der ganzen Welt kennzeichnen sich dadurch, werden so zusammengeschweisst.

1. Das Glaubensbekenntnis (shahada)

Das Glaubensbekenntnis gilt als Symbol des Islams. Die Schlüsselworte stehen in schwarzen, arabischen Schriftzügen im Kreis oder verzierter Umrahmung auf grünem Grund: *„Aschhadu ana La-Illaha-illa-Allah wa ana mohamed-rasul-Allah"* oder *„Ich bezeuge, dass es keinen Gott gibt ausser Allah und dass Mohammed sein Gesandter ist!"* Dieses Glaubensbekenntnis wird bei jeder sich bietenden Gelegenheit rezitiert.

2. Das Ritualgebet (salat)

Jeder gläubige Moslem muss fünfmal am Tag beten. Wo immer er sich befindet, soll dabei sein Gesicht nach Mekka gewandt sein. Immer mit denselben Worten verkündet der Gebetsrufer *(Muezzin)* die Gebetszeit vom Minarett der Moschee: *„Allah* *ist der Grösste, ich bezeuge, dass es keinen Gott gibt ausser Allah und dass Mohammed der Gesandte Allahs ist. Herbei zum Gebet, herbei zur Tüchtigkeit!"*

Die Gebetszeiten sind kurz vor Sonnenaufgang, um die Mittagsstunde, am Nachmittag, bei Sonnenuntergang und zwei Stunden danach. Bevor sich der Muslim dieser heiligen Handlung hingibt, soll er sich nach genau beschriebenem Ritual reinigen, denn *„Reinheit ist die Quintessenz des Glaubens"*, bestimmte der Prophet und meinte damit auch die Reinigung der Seele. Die minutiösen Waschungen vor dem Gebet bezwekken die Festigung von Treue und Disziplin, zwei Grundpfeiler der islamischen Gemeinde. Das Gesicht wird dreimal gewaschen, dann folgen Nacken, Unterarme, Hände und zum Schluss die Füsse.

*Hoch vom Minarett herab ruft der Muezzin zum Gebet auf – heute allerdings geschieht dies meistens über den Lautsprecher. Oft wurde dieser alles überragende Bau zum Wahrzeichen der Stadt, so wie die **„Koutoubia"** in Marrakesch (Marokko).*

*In der Moschee wird vor allem das Freitagsgebet abgehalten. Die Gebetsnische **Mihrab** für den Vorbeter (Imam) bezeichnet die Richtung nach Mekka.*

Der Moslem der Wüste kann die Waschung auch mit Sand vornehmen. Mancherorts werden die Gebetszeiten nicht nur ausgerufen, sie werden auch mit einer Fahne angezeigt. Kaum ein Moslem wird alle Gebete einhalten können. Also wird er danach trachten, wenigstens beim zentralen Mittagsgebet dabeizusein, wenn möglich freitags, in der Moschee. Dieses Gebet leitet ein Gläubiger dessen Alter, Wissen, Tugend oder Rang ihn von anderen Gläubigen unterscheidet: der *Imam*.

3. Die Armensteuer (sakat)

Die dritte Pflicht gebietet die Armensteuer zu entrichten. Dies gilt als soziale Pflicht und ist ein Akt der Erhaltung des Wohls der islamischen Gemeinschaft. Sie beträgt in der Regel ein Zehntel des Einkommens und einen gewissen Prozentsatz von Besitztümern. Diese Armensteuer macht durchaus Sinn: Die Gläubigen werden mit der Armut konfrontiert; ihr eigener Wohlstand soll sie mit Dankbarkeit erfüllen.

4. Der Fastenmonat Ramadan (sawm)

Der Ramadan ist der neunte Monat im islamischen Kalender. Er fällt im westlichen Kalender jedes Jahr in eine andere Zeit. Einen Monat lang wird von der Morgen- bis zur Abenddämmerung das Fastengebot beachtet. Es ist jene religiöse Übung, welche die Gläubigen am gewissenhaftesten erfüllen. Von solcher Enthaltsamkeit sind bloss Kranke, Alte, kleine Kinder und Schwangere ausgenommen. Der tägliche Beginn der Fastenzeit ist genau geregelt: Ab dem Moment, wo ein schwarzer Faden von einem weissen Faden geschieden werden kann, ist dem Gläubigen Essen, Trinken, Rauchen und Geschlechtsverkehr untersagt. Wer diese Fastenzeit nicht einhalten kann, muss die ausgefallenen Anzahl Tage *„nachfasten"*, wobei der Zeitpunkt individuell bestimmt werden kann.

Das tägliche Fasten nimmt sein Ende bei Sonnenuntergang. Nun dürfen sich die Gläubigen wieder Speis und Trank hingeben. Oft dauert das folgende Trink- und Essgelage bis in die späte Nacht. Es erstaunt deshalb wenig, dass die Arbeitsleistung vieler Gläubiger am Tag danach nicht sehr hoch ist. Rein wirtschaftlich gesehen, ist dieser Fastenmonat deshalb ein beträchtliches „Verlustgeschäft". Aber durch diese Glaubenspflicht soll jeder spüren, was es heisst, Hunger und Durst zu leiden.

Wichtigste Nacht in diesem Monat ist die 27., *„die Nacht des Schicksals"*. Die Gläubigen begeben sich zur Moschee, danken Allah für das Ende der Fastenzeit. Nun beginnt das *„kleine Beiram"*, *(arabisch „Aid el fitr")*. Dieses *„Fest des Fastenbrechens"* hat eine gewisse Ähnlichkeit mit Weihnachten. Es ist nicht nur die Zeit der Dankgebete, es ist auch Anlass, sich zu beschenken und guten Willen zu bekunden.

5. Die Pilgerfahrt nach Mekka (hadjdj)

Wenn irgendwie möglich, soll jeder Muslem wenigstens einmal in seinem Leben eine Wallfahrt nach Mekka unternehmen (*„Haddsch"*). Diese Pilgerfahrt verlangt den meisten Opfer ab (Kosten, Länge der Abwesenheit usw.). Gleichwohl findet sie ungeteilten Zuspruch, erwies sich mehr als jedes andere Gebot als *das* grosse Bindeglied der weltumspannenden, islamischen Gemeinde. Nichtmuslime sind von dieser Wallfahrt ausgeschlossen, dürfen Mekka gar nicht erst betreten: Die Muslime nähern sich der Heiligen Stätte als Mitglieder einer einzigen, grossen Familie. Während des Haddsch tragen sie alle dieselben weissen Gewänder, üben geschlechtliche Enthaltsamkeit, lassen sich weder rasieren noch Haare schneiden, fügen keinem Lebewesen und keiner Pflanze ein Leid zu. Die grosse Bruderschaft einer Pilgerfahrt weicht Rassen- und Klassenunterschiede auf. Jüngere Frauen müssen von einem Beschützer (z.B. Vater, Bruder, Sohn) begleitet werden, während ältere Frauen die Pilgerfahrt allein unternehmen dürfen.

Es genügt nicht, bloss Mekka zu besuchen. Die Wallfahrt beinhaltet überdies das folgende, dreiteilige Ritual:

1. Gleich bei Ankunft läuft der Pilger siebenmal um die Kaaba herum; dreimal schnell, ein viertesmal langsam. Bei jedem Passieren des schwarzen Steins hat er innezuhalten, soll diesen küssen oder berühren. Ist dies im Gedränge nicht möglich, soll er dies wenigstens mit einem Stock tun.

2. In Erinnerung an Hagars verzweifelte Suche nach Wasser für ihren Sohn Ismail (Ibrahams Sohn) soll der Gläubige in der sogenannten *„kleinen Pilgerschaft"* siebenmal das Tal zwischen den Hügeln Safa und Marwa durchschreiten.

3. Mit *„der grossen Pilgerschaft"* gelangt der Gläubige zum Berg der Gnade, oberhalb der Ebene von Arafat. Hier sollen die Pilger von Mittag bis Sonnenuntergang in glühender Hitze „vor dem Antlitz Gottes" stehen. Dies ist die Krönung der Zeremonie; wer sie verpasst, verfehlt den ganzen Haddsch. Der folgende Abzug aus der Ebene Arafat geschieht jubelnd, die darauffolgende Nacht wird unter freiem Himmel zugebracht. Es folgen Tieropfer und dreitägiges Festmahl. Mit einem Schlussumgang um die Kaaba hat der Wallfahrer seine Pflicht erfüllt. Mit dem Ehrentitel **„Haddschi"** kehrt er glücklich nach Hause zurück: Für ihn hält die Erde keine grössere Freude mehr bereit…

Weitere Glaubenspflichten und Merkmale

Scharia: Das kanonische Recht, basierend auf den Grundsätzen des Korans, regelt das ganze Leben eines Muslims im religiösen (Gebet, Fasten, Wallfahrt usw.) wie auch im politischen und sozialen Bereich (Familien-, Erb-, Schuld-, Straf-, Kriegsrecht usw.). Es gliedert sich in die fünf Themenkreise:

1. Absolute Pflichten (fard)
2. Empfehlenswerte und verdienstvolle Handlungen (mustahabb)
3. Freigestellte Handlungen (ja'iz, mubah)
4. Verwerfliche Handlungen (makruh)
5. Verbotene Handlungen (haram)

Sunna/Hadith: *(Sunna, arabisch = Gewohnheit), (Hadith, arabisch = Überlieferung).* Es ist dies die Berichtsammlung über Worte und Taten des Propheten und seiner ersten Anhänger, die Vorbild für Denken und Handeln aller Moslems sein sollen. Im Gegensatz zum Koran gelten diese Schriften nicht als heilig, jedoch findet der gläubige Moslem viele Leitsätze und Hinweise über Gegebenheiten, die der Koran unberücksichtigt lässt.

Religiöse Führer: Der Islam kennt kein eigentliches Priestersystem. Doch es gibt verschieden bezeichnete, religiöse Führer.

Der ***Imam*** *(Vorbild, Führer)* ist Vorbeter der Gemeinde, vor allem beim Freitagsgebet. Auch sonst hat er, alters- und erfahrungsbedingt, in seiner Gemeinde grosses Gewicht. Der ***Ayatollah*** ist ein Rechtsgelehrter bei den Schiiten, welcher durch sein Studium an der Koranschule seine (Koran-)Kenntnisse vertieft hat und zur selbständigen Rechtssprechung befugt ist. Weitere Namen für religiöse Führer, Korankenner und Rechtsgelehrte sind ***Mullah, Mufti, Kadi*** usw.

Polygamie: Die blutigen Feldzüge des Islams kosteten vielen Soldaten das Leben. Wenige kehrten unversehrt in ihre Heimatländer zurück. Aufgrund einer weiteren Offenbarung Gottes erlaubte Mohammed im Koran die Polygamie. Demzufolge dürfe ein Mann, nebst seinen Konkubinen und Sklavinnen, maximal vier Frauen gleichzeitig ehelichen. Für diese Regelung stand weniger der Spass an Sinnenfreude denn die moralische Verpflichtung, sich um die Witwen zu kümmern und diese mit dem benötigten Nachwuchs zu versorgen. Der Koran verpflichtet den Mann, alle seine Frauen absolut gleichberechtigt zu behandeln. Auch obliegt ihm die Sorgepflicht für alle seine Frauen. Es ist dieser letzte Grund, der die Möglichkeit von Polygamie für den Mann, zum mindesten in urbanen Gebieten, unattraktiv macht.

Geburt/Beschneidung: Seit Urzeiten haben die arabischen Völker, Ägypter und Juden die Beschneidung praktiziert. Möglicherweise sahen sie darin ein Opfer an den Gott der Fruchtbarkeit. Dieses Ritual hat der Islam übernommen. Gleichwohl findet es im Koran keine Erwähnung – war es „zu selbstverständlich"? Der Vollzug hält sich an Rituale je nach regionalem Brauch: Umzug, Festessen, Tanz und Gesang begleiten meistens die Zeremonie.

Djihad: „Der Heilige Krieg" geht zurück auf die ersten kriegerischen Feldzüge, die Mohammed und seine Gefolgsleute von Medina aus führten. Der *Djihad* ist nicht eines der Grundgebote, der „*fünf Säulen*" des Islams, ist aber im Koran verankert. Die Pflicht wird abgeleitet von Sure 9/5: „*...Erschlaget die Götzendiener, wo ihr sie findet... Wenn sie jedoch bereuen und das Gebet verrichten und die Armensteuer zahlen, so lasst sie ihres Weges ziehen. Siehe, Allah ist verzeihend und barmherzig."* Der *Djihad* muss nicht ständig geführt werden, grundsätzlich besteht jedoch das Ziel, den Glauben auszubreiten.

Tod und Bestattung: Dem Toten werden nach der Waschung die Hände wie zum Gebet auf die Brust gelegt, und er wird in das *Bahrtuch* eingehüllt. Bevor der Kopf bedeckt wird, nehmen die Angehörigen Abschied von ihm. Die Beerdigung erfolgt meistens ohne Sarg, der Körper wird seitlich mit dem Gesicht nach Mekka gelegt: Der Tote soll sich zum Verhör der beiden Engel Munkar und Nakir aufrichten können. Das Begräbnis soll den Toten auf diese Begegnung vorbereiten. Die Taten im Leben entscheiden, ob dessen Seele ins Paradies eingeht oder zur Hölle fährt; beide Varianten schildert der Koran äusserst plastisch. Bloss im Heiligen Krieg Gefallene gehen direkt ins Paradies ein.

Alkohol/Glücksspiele: Mohammed dürfte dieses Verbot wegen seiner persönlichen Abneigung gegen diese beiden Laster ausgesprochen haben. Auch die Aufrechterhaltung von Disziplin in seiner Armee mag dabei eine Rolle gespielt haben.

Schweinefleisch: Der Gläubige darf kein Schweinefleisch essen. Gesundheitliche Überlegungen mögen diesen Entscheid beeinflusst haben, ist doch Schweinefleisch bei hoher Temperatur verderblich und kann, falls verdorben, schwere Infektionen bewirken. Der Verzehr von Schweinefleisch war aber schon im alten Ägypten verboten. Wohl noch eine Überlegung liessen das Schwein „in Ungnade fallen": Das Schwein frisst relativ viel getreideartiges Futter, wird dadurch für den Menschen zum Nahrungskonkurrenten. In der Wüste sind deshalb Tiere vorzuziehen die sich, wie Schafe oder Ziegen, ohne spezielle Fütterung von Gras und Gestrüpp ernähren können.

Bildnisverbot: Im Islam herrscht ein absolutes Bildnisverbot. Moscheen und andere religiöse Gebäulichkeiten sind immer nur mit *Mosaik* oder *Arabesken* geschmückt. Sie sind oftmals in der Farbe des Propheten, grün.

Heiligtümer: Die **Kaaba von Mekka** gilt als höchstes Heiligtum im Islam. Die von Mohammed erbaute, heilige *Moschee von Medina* ist rangmässig gleichbedeutend wie der *Felsendom in Jerusalem*. Nach der Legende ritt von letzterem aus Mohammed zum Himmel. Für die Juden hat Abraham seinen Sohn Isaak hier zu opfern beabsichtigt.

Die Aufspaltung des Islams

Der Islam hat sich, wie alle anderen grossen Religionen, in verschiedene Richtungen entwickelt. Die erste Aufspaltung erfolgte bereits nach der Ermordung des vierten Kalifen Ali im Jahre 661. Die beiden wichtigsten Glaubensrichtungen stellen die Sunniten und Schiiten.

DIE SUNNITEN: Die orthodoxen Sunniten sind die klare Mehrheit (etwas mehr als 80 %) in der moslemischen Gemeinde. Wohl stimmen sie mit den Schiiten in allen wesentlichen Glaubensfragen überein, weichen aber in der Nachfolgefrage des Propheten ab. Die Sunniten halten am Wahlprinzip fest, lehnen das Erbrecht ab. Für sie ist der Kalif wählbar, muss jedoch aus der Familie der *Kuraishiten*

Als reines Gebetshaus ist das Innere einer Moschee immer sehr einfach gestaltet. Dafür sind in der Baukunst des Islams wohl die prächtigsten und eindrucksvollsten Mosaikarbeiten entstanden.

stammen. Daher glauben sie, dass die ersten drei Kalifen Abu Bekr, Omar und Osman, Mohammeds legitime Nachfolger waren.

DIE SCHIITEN: Im Gegensatz dazu halten die Schiiten das höchste Amt, das *Imamat* für eine göttliche Institution, die nur den direkten Nachkommen Mohammeds, beziehungsweise seines Vetters Ali, offensteht. Sie behaupten gar, die ersten drei Kalifen hätten den nach ihrer Ansicht von Mohammed bestimmten Nachfolger Ali um sein Amt betrogen. Etwa 15 % aller Muslems gehören zur schiitischen Glaubensrichtung.

Sekten: Neben diesen beiden Hauptrichtungen hat auch der Islam im Laufe der Jahre zahlreiche Sekten hervorgebracht; zum Beispiel die *Sufis, Derwische, Charidschiten, Ibaditen, Wahhabiten* oder den *Baha'i-Glauben*. Die Baha'i Gruppe ging aus dem schiitischen Islam hervor, entstand Mitte des 19. Jahrhunderts in Persien. Die Sekte ist ausgesprochen pazifistisch.

Diverse Sekten leiten ihre Abstammung von früheren Kalifen ab, etwa die den Nachkommen des sechsten Imams ergebene „*Siebener Gruppe*". Die *Hodschas* bekennen sich zur Familie des verstorbenen Aga Khan: Für sie war er der 48. Imam. Ferner existieren die Glaubensrichtungen der pakistanischen *Ahmadijja-Sekte, Nusairier* (Libanon/Syrien/Türkei) und der *Drusen* im Libanon.

Schlussbetrachtung

Der Islam zählt heute zu den wichtigsten Weltreligionen. Gut ein Fünftel der Weltbevölkerung bekennt sich zum Islam, er hat demzufolge nach dem Christentum die grösste Anhängerschaft. In 32 Nationen bekennt sich eine Bevölkerungsmehrheit zum Islam. Naturgemäss befindet sich die grösste Ballung islamischer Länder im Vorderen Orient. Als Folge des Eroberungskrieges ist aber auch Nordafrika, Zentralasien und ein Teil des indischen Subkontinents islamisiert. Wegen Traditionalismus und Überlegenheitsbewusstsein der Muslime – gelegentlich äussert sich dies auch als Fanatismus – kam es erst sehr spät (19./20. Jahrhundert) zu Modernisierungsbestrebungen innerhalb des Islams. Dabei ist der Islam dem christlichen und jüdischen Glauben näher verwandt als alle anderen Religionen.

Bei Juden und Islamiten handelt es sich vor allem um einen Streit zwischen semitischen Brüdern. Es geht dabei um das Thema der Abstammung von Abraham (Isaak/Ismail) und um religiöse Stätten (wie z.B. Jerusalem, Felsendom), die den *beiden* heilig sind.

Die Entfremdung zwischen islamischer und christlicher Welt hingegen beruht eher auf politischen und wirtschaftlichen Gründen als ideologischer Unvereinbarkeit. Denn erst die Kreuzzüge unterbrachen die lebendige Kommunikation zwischen Morgen- und Abendland. Schade, denn der Islam ist, vor allem punkto Architektur und Kunsthandwerk, für uns Westler eine faszinierende Welt.

—❖—

Der Hinduismus

Die mit Abstand dominierende Religion des indischen Subkontinents ist der **HINDUISMUS**. Ungefähr zwei Drittel seiner Bewohner bekennen sich zu ihm. Der Begriff „Hinduismus" war ursprünglich geographisch bedingt: Die in Nordindien eindringenden Muslime bezeichneten Bewohner samt Landschaft von Nordwestindiens grösstem Fluss, dem Indus, ganz einfach als *Hindus*. Der Hinduismus als ältestes Religionsgebilde der Menschheit ist noch heute in lebendiger Weise präsent.

Niemand hat den Hinduismus „gestiftet". Im Verlaufe von Jahrtausenden gedieh er, dank schöpferischer Kräfte und Einfluss der äusseren Umgebung, gleichsam von selbst. Nicht Wort und Gedanke eines Religionsgründers halten ihn zusammen, wohl aber die Kontinuität einer Entwicklung, die Altertum und Gegenwart nahtlos miteinander verknüpft.

Deshalb bezeichnen die Hindus ihren Glauben vielfach als „sanatanadharma" oder „die ewige Religion". Weise Männer und göttliche Inkarnationen wären mit dem Anspruch angetreten, die Wahrheit zu verkünden *(Rama, Krishna, Shankara, Buddha,* um nur einige zu nennen). Doch keiner von ihnen begründete eine neue Lehre; sie alle formulierten und verkündeten bloss die von jeher bekannte Wahrheit neu.

Wenn wir den Buddhismus, das Christentum oder den Islam mit einem Garten vergleichen, der von einem Gärtner *(Religionsstifter)* planmässig angelegt und von seinen Nachfolgern weiter ausgebaut bzw. verändert wurde, so ist der Hinduismus am ehesten einem Urwald mit wildem Wachstum gleichzusetzen: Zu verschiedenen Zeiten haben verschiedene Persönlichkeiten Pfade in dieses Dikkicht geschlagen. Für westliche Denkmuster ist der Hinduismus schwer verständlich: in seiner Ganzheit ist er kaum zu fassen. Zum besseren Verständnis reihen wir in unserem geordneten Garten die neuen Gedanken in ihre gewohnte Ordnung ein. Im Hinduismus dagegen wird man stets aufs neue mit Gegensatz und Widerspruch konfrontiert. Dafür ist in unserem schematischen Denken kein Platz!

Der Hinduismus, die „*gewordene*" statt „*gestiftete*" Religion, besitzt keine fest umrissene Dogmatik wie der Buddhismus und die Religionen der geschichtlichen Gottesoffenbarung. Im Gegensatz zu Islam, Juden- und Christentum ist der Glaube an einen überweltlichen, den Kosmos schaffenden und regierenden Gott nicht von Bedeutung. Vielmehr ist es dem einzelnen überlassen, ob er nun einen oder mehrere Götter verehrt. Es ist dem Gläubigen unbenommen, gleichzeitig seinem persönlichen Familien- und Dorfgott zu huldigen, um parallel Shiva oder Vishnu als Weltenlenker zu betrachten: Götter konkurrenzieren sich nicht!

Im Gegenteil: Im Laufe von Jahrtausenden hat der Hinduismus andere Religionen samt Begründern in sein religiöses System aufgenommen, ihre Ideen auf indische Verhältnisse zurechtgeschliffen. Buddhas Lehre als klassisches Beispiel: Die Lehre des Erleuchteten war im dritten Jahrhundert vor Christus in Indien weit verbreitet. Also hielt Buddha als neunte Inkarnation des Gottes Vishnu Einzug ins hinduistische Götterpantheon. Dann soll, gemäss Legende, der Apostel Thomas in Südindien evangelisiert haben. Später importierten die Kolonisatoren das Christentum. Trotz jahrzehntelanger europäischer Präsenz blieb es in Indien unbedeutend, bis auf einige wenige Regionen wie Kerala, Goa und Südindien. Dafür fanden religiöse Führer *(Gurus)* Gefallen an der Bergpredigt – um schliesslich auch Christus zu einem angemessenen Platz in ihrer Götterwelt zu verhelfen.

Das Akzeptieren verschiedener Götter, ohne sich auf bestimmte Glaubenssätze, Lehren oder Vorstellungen festzulegen, entspricht der religiösen Duldsamkeit des Hinduismus. Auch Tun und Lassen unterliegt keinen festen, allgemein verbindlichen Vorschriften. Die Summe verehrter Gegenstände ist unbeschränkt; viele Wege führen zum Heil: Hier fleischessende Hindus, da Vegetarier; geheime Sexualrituale und rigorose Askese vertragen sich im Hinduismus durchaus. Eben: Im Hinduismus fehlt die Fixierung auf bestimmte Glaubenssätze als unerlässliche Voraussetzung für die Zugehörigkeit.

Ein einfacher Vergleich mag die komplexe Gedankenwelt des Hinduismus veranschaulichen:

Angenommen – Katholiken, Protestanten, Reformatoren und mittelalterliche Ketzer samt Orthodoxen mit Prälaten zum einen, Judentum und Islam mit all seinen Heiligen zum anderen, wären als gleichberechtigte Exponenten christlicher Heilswahrheiten akzeptiert – einem solchen Gedankengut würde jetzt ein Überbau von griechischer und römischer Mythologie aufgesetzt – es müsste ein ähnliches Gedankengebäude entstehen, wie es die Hindus eh schon haben!

Ungefähr 85 Prozent aller Hindus leben in der Indischen Union. Sie stellen etwa 80 Prozent der Landes-

Wandermönche, die sich von allen weltlichen Bindungen gelöst haben und ohne festen Wohnsitz umherziehen, geniessen bei den Hindus grosses Ansehen. Sie stammen aus allen Schichten der indischen Gesellschaft. Ihre freiwillige Armut betrachten sie als Voraussetzung für ein Dasein fern aller Begierden. Oft werden diesen Asketen (Sadhus) magische Kräfte zugeschrieben.

bevölkerung. Der Hinduismus ist heute in über 80 Ländern vertreten, starke Hindugruppen sind über ganz Asien verstreut: Nepal (einziger Staat der Welt mit dem Hinduismus als Staatsreligion), Bangladesh, Sri Lanka, Bhutan, Bali, auf den Fidschi-Inseln ebenso wie auf Mauritius, in der Westlichen Hemisphäre in Guyana, Trinidad, aber auch in den USA und Grossbritannien. Diese weltumspannende Verbreitung ist der Emigration zuzuschreiben. Seiner Hindukaste gehört man von Geburt an. Also ist im Prinzip weder Übertritt noch Eintritt möglich. Daraus ergibt sich eine nicht unangenehme Begleiterscheinung: Unter diesen Vorzeichen gibt es keine Bekehrungs- und Missionstätigkeit.

Vedismus – Brahmanismus – Hinduismus

Der Ursprung der Religionen der *Veden* geht auf verschiedene indoeuropäische Bevölkerungsgruppen zurück. So drangen zu Beginn des zweiten Jahrtausends vor Christus die *Arier (Arya)*, ein Zweig der Indogermanen, über die nordwestlichen Gebirgspässe in die Region des Indus vor. In dieser Zeit entwickelte sich die erste, mündlich tradierte, indische Religion. Es entstanden die *„vier Veden"* (= Wissen, in Sanskrit, der Sakralsprache gebildeter Inder). Diese Veden überlieferten heilige Formeln, Lieder und Verse als Grundlage des aufkeimenden Brahmanismus und späteren Hinduismus. Die klassischen, religiösen Texte sind grösstenteils in der Sprache des Sanskrit überliefert. Die Veden bestehen aus vier Textsammlungen:

▼ *Rigveda*
 (*das Wissen um die Opferhymnen*)
▼ *Samaveda*
 (*das Wissen um die Melodien*)
▼ *Yajurveda*
 (*das Wissen um die Opferformeln*)
▼ *Atharvaveda*
 (*das Wissen der Zaubersprüche*)

Sie enthalten auch Gesänge: Wortreich werden darin die Götter zu Opfermahlzeiten geladen. Mit Dur-Melodien, Opferformeln und gemurmelten Gebeten begleiten die Priester ihre Opfer-Darbringung. Diese bestehen meist aus Reis, Früchten, Gebäck, Getränken, Blumen usw. Sogar Tieropfer (Ziegen, Schafe, Hühner usw.) werden mancherorts noch dargebracht. Die Veden beinhalten überdies Formeln und Zaubersprüche, die der Brahmanenpriester in verschiedensten Lebenslagen kennen muss. Einen Kommentar zum Veda stellen die *„Brahmanas"* dar. Es sind allgemeine Lehrtexte des Priestertums, die theologische Literatur. Dabei handelt es sich meistens um Auslegungen über das Opferwesen.

Die philosophischen *„Upanischaden"* (*Geheimlehren; wörtlich: vertrauliche Sitzungen*) gehören ebenfalls zur Kommentarliteratur. Diese enthalten eine Sammlung esoterischer Weisheiten von oftmals grossem Tiefsinn; sie sind hauptsächlich für Lehrjünger gedacht.

Die *vier Veden* mit Erweiterungen und Kommentaren, den *Brahmanas* und *Upanischaden* sind mit den Offenbarungsschriften anderer Religionen vergleichbar. Für den orthodoxen Hindu sind sie übermenschlichen Ursprungs; ihre Ent-

Warum ist die Kuh heilig?
Mit unserem westlichen Denken, verwurzelt in der christlich-abendländischen Kultur, ist es schwierig nachzuvollziehen, dass eine Kuh – die bei uns vielfach als Schimpfwort wie „blöde oder dumme Kuh" herangezogen wird – als heiliges Tier angesehen und verehrt wird.
Betrachtet man diesen Sachverhalt jedoch mit den Augen eines Inders und vor dessen jahrtausendealtem vielfältigem Kulturhintergrund, kann man erahnen und vielleicht auch verstehen, wieso gerade der Kuh diese Verehrung zuteil kommt.
Die Kuh hatte für die indische Bevölkerung seit jeher eine lebenswichtige Bedeutung. In den Familien, die sich ausschliesslich von der Landwirtschaft ernährten, war die Kuh ein Bestandteil der Familie. Sie spendete wichtige Grundnahrungsmittel wie Milch und Milchprodukte. Ferner lieferte sie wertvollen Dung, der für den Ackerbau und für das Herdfeuer Verwendung fand, und sie diente zudem als Transportmittel. So war die Kuh seit Urzeiten ein Sinnbild der Nahrungsspenderin, der ewigen Fortpflanzung und Neuentstehung. Sie ist ein lebendes Symbol der Mutter Erde und ein Zeichen der mütterlichen Güte und Opferbereitschaft, ein Wesen, das gibt, ohne eine Gegenleistung zu fordern. Betrachten wir einmal eine Kuh genauer. Gibt es überhaupt ein friedlicheres, genügsameres und selbstloseres Lebewesen? Ist es wirklich so abwegig, diesem Tier eine besondere Achtung entgegenzubringen oder eben es als „heilig" zu verehren?

stehung wird, je nach Glaubensrichtung, verschieden ausgelegt. Gemeinsam jedoch anerkennen sie alle Hindus als ewige Richtschnur allen Denkens und Handelns. Somit bilden diese Veden eine der tragenden Säulen des sozial-religiösen Systems.

Eine Fülle von Anschauungen und Bräuchen werden auf die heiligen Schriften zurückgeführt. Sie sind allen Hindus in etwa gemeinsam: Der Glaube an bestimmte Götter, die Notwendigkeit bestimmter Riten und Opfer; schliesslich ähnliche Auffassungen zur Verehrung der heiligen Kühe, des Ganges und religiöser Stätten. Da diese Gebräuche und Vorstellungen in verschiedenen Gebieten und bei verschiedenen Bevölkerungsschichten einer starken Differenzierung unterliegen, brauchen sie nicht zu den allgemeingültigen und essentiellen Dogmen des Hinduismus gerechnet zu werden.

Auch das Kastenwesen hat seinen Ursprung in der Zeit der Veden, als sich Zentralasiens Arier im Gangestal niederliessen. Die Invasoren waren hell-, die dravidische Bevölkerung des Subkontinents schwarzhäutig: Es entstand eine Vielfalt von Hautschattierungen. Ohne Zwang und Verordnung fanden Menschen mit ungefähr gleichem Hautton zusammen, bildeten Gemeinschaften: Die ersten Kasten entstanden.

Die ältesten Gottheiten Indiens gehen zurück auf die Zeit der Veden. Sie sind Zeugen einer Entwicklung die ihren Ursprung in der Verehrung mächtiger, oft bedrohlicher Naturerscheinungen hat: *Surya,* der Sonnengott, *Indra,* der Gott des Donners, des Regens und der natürlichen Elemente, *Agni,* der Gott des Feuers, *Varuna,* der Gott des Wassers, ferner *Yama, Nirrti, Vayu, Kubera, Soma* und wie sie alle heissen. Im Hinduismus von heute sind nur noch **Indra, Agni** und **Surya** von Bedeutung.

Der **Brahmanismus** gilt als mittlere Epoche von Indiens religionsgeschichtlicher Entwicklung. Das dem Vedismus entstammende Kastenwesen stützte sich auf vier Grundkasten. Die kriegerische Phase arischer Eroberungen war abgeschlossen, es folgte die Blütezeit indo-arischer Kultur. Die Militärs verloren an Bedeutung. Als Priester und Lehrer errangen die Brahmanen eine führende Stellung in der Gesellschaft, ihre Opferrituale erreichten einen hohen Stellenwert.

Der **Hinduismus** ist die dritte und letzte geschichtliche Entwicklungsphase der indischen Religionsgeschichte. Die beiden vorangegangen Epochen haben den Hinduismus wesentlich mitgeprägt; viele Elemente des heutigen Hinduismus haben ihre Wurzeln im Vedismus und Brahmanismus. Die zweite und dritte Epoche werden in Indien oft als Brahmanismus im weiteren Sinne verstanden.

Das Weltbild

Das hinduistische Weltbild und die Philosophie der Wege zur Erlösung sind als Gesamtbild kaum zu erfassen. Ein geraffter Beschrieb greift zwangsläufig zu

Ein klassisches Beispiel für die enge Verbundenheit der gläubigen Hindus mit ihren Göttern ist der Meenakshi-Tempel in Madurai, Südindien. Die eindrucksvolle Tempelstadt ist der Gattin Shivas gewidmet. Beide, Meenakshi (ein anderer Name für Parvati) und Shiva, haben ein eigenes Zentralheiligtum, aber ein gemeinsames Schlafgemach! Das tägliche zeremonielle Programm zeigt deutlich die Nähe der Götter für die Hindus. Symbolisch werden den Göttern Speisen als Opfergabe dargereicht. Anschliessend werden die Gaben an Bedürftige verteilt. Die Hauptmahlzeiten sind für die Erwachsenen, Milch und Kuchen am Spätnachmittag für die Kinder bestimmt.

04.00	*Öffnung des Tempels.*
05.00–06.00	*Weck- und Waschzeremonie mit Musik.*
07.00–07.30	*Frühstück (Kalasanthi).*
11.00–11.30	*Mittagessen (Utchikalam).*
12.30–16.00	*Die Götter halten Siesta, der Tempel ist geschlossen.*
17.30–18.00	*Milch und Kuchen (Sayaratchai).*
19.30–20.00	*Nachtessen (Arthasamam).*
21.30	*Schlafzimmerzeremonie (Palliarai: palli = Bett / arai = Zimmer).*

In einer feierlichen Prozession wird Shiva Natharaja zu Meenakshi ins Schlafgemach getragen. Am nächsten Morgen, wie es sich gehört nach einer gemeinsamen Nacht, werden die Götter gründlich gewaschen. Milch, Honig, Rosenwasser, Sandelpuder, Sesamöl und ganz am Schluss Wasser gehören zu dieser Reinigungszeremonie. Nach dem Ankleiden sind Meenakshi und Shiva bereit für einen neuen Götter-Alltag.

kurz und kann das Wesentliche nur andeuten.

Im Christentum gibt es einen Schöpfer des Alls. Im Hinduismus hingegen ist **Brahma, der Demiurg**, bloss handwerklicher Schöpfer, ein Werkmeister bzw. ein Werkzeug des Alls. Er schuf die Welt in Ei-Form. Gemäss *Samkhya-Philosophie* bildet sich das *„Ei des Brahma"* aus den zwei wesensverschiedenen Urprinzipien, nämlich *Urgeist (purusha)* und *Urmaterie (prakriti)*. Ihre kombinierten Eigenschaften erzeugen zunehmend gröbere Elemente; ihre letzten fünf als gröbste: *Äther, Luft, Feuer, Wasser, Erde* bilden dieses *„Ei des Brahma"*.

Das Weltei besteht in seiner oberen Hälfte aus einer *„Triloka" (Dreiwelt)*, also aus Erde, Luft und Himmel. Darüber liegen vier sich stets verfeinernde Himmelsregionen. Die Menschen auf der Erde, die darüberliegenden Schichten sind Göttern und Geistern vorbehalten, die oberste Schicht *„Brahmaloka"* ist die Welt der Wahrheit, die Welt von **Brahma**. In den sieben Weltenschichten unterhalb der Erde wohnen Dämonen und Schlangengeister *(Nagas)*. Unter diesem kosmischen Weltei befindet sich überdies der Weltozean. Die Höllenregionen, Verbannungsplätze für Missetäter, sind zuallerunterst.

Im Zentrum der Welt steht der *Weltberg Meru (Mount Kailash)*. Es wird damit ein Gipfel im Transhimalaya-Gebirge in Tibet identifiziert. Dieser ist zugleich die Achse des Alls, um die Gestirne und Planeten kreisen. Nach hinduistischem Verständnis entsteht die Welt im unablässigen Prozess **Untergang:Neubeginn** stetig aufs neue. Bloss das schöpferische Urprinzip *„Brahman"* bleibt bestehen, um nach einem Ruhezustand den Zyklus von Werden und Vergehen erneut in Gang zu setzen.

Ausgehend vom diesem Mount Kailash, bzw. dem zentralen Weltberg Meru, sind dem Inder die im Himalaya entspringenden Flüsse von entscheidender, lebenswichtiger Bedeutung. An erster Stelle steht der heilige Fluss Ganges. Aber auch andere Quellen, Flüsse, überhaupt Wasser in jeglicher Form, finden höchste Verehrung; getreu dem hinduistischen Prinzip einer wahrhaftig vernetzten Natur. Naturerscheinungen sind göttlicher Herkunft und werden deshalb verehrt. Bäume, Felsen oder Höhlen sind von Gottheiten belebt wie auch die Berge. Im religiösen Denken bildet die Natur einen Kreislauf, bestehend aus Mensch, Tier und Pflanzen als eine untrennbare Einheit.

Das Kastenwesen

Daraus folgt, dass der Kosmos, sowohl im grossen wie im kleinen, ein geordnetes Ganzes ist. Er wird vom *Weltgesetz („Dharma")* beherrscht. Dieses manifestiert sich sowohl im natürlichen wie sittlichen Leben. Das Dharma ist ebenfalls eine hierarchische Stufenleiter aller Lebewesen: Die Götter zuoberst, die Pflanzen ganz unten. Als Ordnungsfaktor gilt das jedem Lebewesen von Geburt an auferlegte Pflichtenheft: Die Natur hat dem Löwen eine andere Rolle, andere Rechte und Pflichten zugedacht wie dem Rind, dem Geist wiederum andere als dem Bewohner der Hölle.

Natürlich ist auch die Menschheit in Klassen gegliedert. Von Geburt an ist ihre Rolle mit der Kastenordnung geregelt. Wie wir gesehen haben, glauben die Hindus an die Seelenwanderung und Wiedergeburt. Also ist die Kastenzugehörigkeit jedes Einzelnen Folge des Verhaltens in seinem oder seinen letzten Leben. Daraus wird ein Geburtenkreislauf wiederholter Erdenleben in verschiedenen Existenzweisen, nicht nur menschlichen, auch tierischen, sogar pflanzlichen. Eine höhere Position im nächsten Leben kann der Hindu nur durch die Qualität seines Handelns in diesem Leben erwerben.

Die vier Hauptkasten als Raster: Die obersten drei sind sogenannt „reine" Kasten (Zweimalgeborene). Mindestens in einem vorangegangenen Leben haben sie sich Verdienste erworben. Deshalb ist es die Pflicht von vierter Kaste und Ausgestossenen (Parias), diesen höheren Kasten zu dienen.

Die Hauptkasten sind in mehr als 3000 Unterkasten aufgeteilt. Im sozialen Gefüge erfüllt jede Stufe eine bestimmte Funktion. Das soziale Leben des einzelnen spielt sich ausschliesslich innerhalb der eigenen Kaste ab. Dementsprechend hat er sich an die Vorschriften seiner Gemeinschaft zu halten. Diese sind genau fixiert, für Hochzeits- wie Bestattungsriten, Gelübde und Fasten, Essen, Trinken, Kleidung und Berufsausübung. Verstösse gegen das Kastengesetz kann Kastenausschluss zur Folge haben, was existenzvernichtend sein kann! Ein Hindu wird dies nach Möglichkeit zu verhindern suchen; seine Kaste verleiht ihm einen gewissen Schutz gegen soziale Vereinzelung und Isolation, den „Kollektivschutz der Grossfamilie" eben.

1. Kaste:
BRAHMANAN, der Priesterstand

Die Angehörigen der Priesterkaste sind die höchsten Repräsentanten der Menschen. Sie beschäftigen sich mit den geistigen Dingen. Tätigkeit und Lebensführung sind auf grösstmögliche moralische (und physische) Reinheit ausgerichtet.

Ein Guru in Meditation. Die heilige Schnur über der linken Schulter weist den frommen Hindu als Brahmanen, einen Angehörigen der höchsten Kaste, aus. Gurus sind Lehrer für geistige Belange. Sie begleiten ihre Schüler oft ein ganzes Leben lang und führen sie in allen religiösen Fragen. Die Spenden der Gläubigen sichern ihren bescheidenen Lebensunterhalt.

Sie stehen somit den Göttern am nächsten. Sie beachten zahlreiche Gebote im allgemeinen Umgang mit Niederkastigen, insbesondere der Nahrungsaufnahme. Um einer „Verunreinigung" entgegenzuwirken, sind rituelle Bäder vorgeschrieben. Ihre religiösen Pflichten sind ausgedehnter als jene anderer Kasten, insbesondere werden Verfehlungen dieser Kaste besonders hart beurteilt. Ein geldgieriger Brahmane könnte sich im nächsten Leben durchaus „als Schwein" wiederfinden. Ihr Kennzeichen ist die *„heilige Schnur"* ein weisser Faden, den sie über der linken Schulter tragen. Ihre Farbe ist weiss. Übt ein Brahmane nicht den Priesterberuf aus, ist er sogar westlich gekleidet, so trägt er immer diese *„heilige Schnur"* als Zeichen seiner edlen Abstammung. Ferner erkennt man Mitglieder der Brahmanen-Kaste an ihrem Verhalten, ihrem Äusseren generell und auch an ihrer Sprache.

2. Kaste:
KSHATRIYA – der Kriegerstand

Der Stand der Kriegerkaste, zu welchem auch die Könige und Fürsten gehörten, beschützt die gesellschaftliche Ordnung. Ihnen obliegt, Erhaltung und Steigerung der physischen Kräfte zu sichern. Viele Staatsbeamte entstammen dieser Kaste. Ihre Farbe ist rot.

3. Kaste:
VAISHYAS – der Nährstand

Die Angehörigen des Nährstands betreiben Viehzucht, Ackerbau, Handel und Gewerbe. Durch nutzbringende Tätigkeit erhalten sie das Leben. Ihre Farbe ist gelb.

4. Kaste
SHUDRAS – der Arbeiterstand

Dies ist der unterste Kastenstand; Arbeiter, Wäscher, Fischer, Weber, Töpfer und dergleichen. Sie haben den oberen drei Kasten zu dienen und gehorchen. Untereinander mögen sie, je nach Grad ihrer physischen Reinheit, verschieden sein und sind in entsprechende Unterkasten eingeteilt. Die Kaste der Töpfer steht beispielsweise über jener der Fischer, denn diese üben eine unreinere Tätigkeit aus. Ihre Farbe ist schwarz.

PARIAS – die Ausgestossenen

Die **Parias** ist die niedrigste Gruppe in der indischen Gesellschaft; es sind die Unberührbaren und Ausgestossenen. Sie sind vom Kastensystem ausgeschlossen. Ihr körperlicher Kontakt würde Kastenhindus beflecken. Also leben sie als Aussenseiter in vielfach als unrein verschrienen Berufen der hinduistischen Gesellschaft, als Gassenkehrer, Abortreiniger etwa, Diebeskasten usw. Staatsgründer Mahatma Ghandi versuchte die Parias sozial und wirtschaftlich zu integrieren – in der Praxis mit geringem Erfolg. Sie sind noch immer rechtlos, haben schlechte Behandlung stillschweigend zu dulden. Die Nichthindus sind ihnen in der Kastenpyramide gleichgestellt!

Indiens Kastensystem ist über dreitausend Jahre alt. Dementsprechend tief ist es in der Bevölkerung verwurzelt. Die Industrialisierung mag die Rigorosität des Systems aufgeweicht haben. (Beispielsweise sind ehedem rigide, städtische Speisevorschriften nunmehr lockerer.) Noch immer aber stellt das Kastenwesen ein Hindernis in der Entwicklung zu einem modernen Staatswesen dar. An der Heirat innerhalb derselben Kasten wird noch heute festgehalten. Dies, obschon das Kastenwesen mit der Verfassung von 1949 genauso abgeschafft wurde wie die Diskrimination der Parias in der Gesellschaft (immerhin sind dies 25 % der Bevölkerung, also über 200 Millionen!) So ist es halt: Eine drei Jahrtausend alte Regelung mit der damit verbundenen Geisteshaltung lässt sich zwar per Dekret auf dem Papier beseitigen; damit dies auch in den Köpfen geschieht, braucht es mehr als ein paar Jahrzehnte!

Das Karma – die Seelenwanderung

Im Kosmos existiert das Gesetz der Vergeltung, das *Karma*. Es ist der Glaube an die automatische Wirkungskraft menschlicher Taten im nächsten Leben. Unzertrennlich verknüpft ist das *„Rad des Samsara"*, der Strudel endloser Wiedergeburten: Dasein und Schicksal des Einzelnen als Folge seiner Taten im Vorleben. Das Karma wirkt automatisch – und schonungslos:

> *„Wie einer handelt,*
> *wie einer wandelt,*
> *ein solcher wird er;*
> *wer gut handelt,*
> *der wird etwas Gutes,*
> *wer böse handelt,*
> *etwas Böses."*

Streben jedes Menschen wird sein, in einer höheren Daseinsform wiedergeboren zu werden. Mit dieser Geisteshaltung verliert der Tod seinen Schrecken; er wird zum *„wichtigsten Ereignis im Leben"* des gläubigen Hindus, der Tod als Wechsel von Welten! Verlässt die Seele die sterbliche Hülle, kehrt sie *(nach einem Zwischenaufenthalt von drei Menschenleben im Mond)* in den Körper eines neugeborenen Erdenwesens zurück.

Nach hinduistischem Ritus wird die Leiche gewöhnlich Sterblicher verbrannt. Im Angesicht des Todes wird sich ein Hindu wenn immer möglich nach Benares/Varanasi begeben, der heiligen Stadt am Ganges. Er mag Benares als glückliches Ende seiner mühseligen *(Lebens)*Reise empfinden. Nach einem rituellen Bad ist er nun zum Sterben bereit.

Die Toten werden verbrannt, denn Feuer vertilgt die Sünden, und auf diese Weise wird der Körper dem Feuergott *Agni* geopfert. Kremiert wird auf *Ghats*, den Ufertreppen. Hier lodern Scheiterhaufen rund um die Uhr, die Vermögenden werden zu Asche mittels Sandelholz, andere mit gewöhnlichem Reisig. Darauf wird die Asche in den heiligen Fluss gestreut. Nur die Heiligsten aller Heiligen werden nicht verbrannt, in feierlicher Zeremonie wird ihr ganzer Körper dem Fluss übergeben denn sie sind rein und ohne Sünden.

Der immerwährende Kreislauf *Tod/Wiedergeburt* kann, **soll** einmal ein Ende finden. Der irdischen Mühsal aus Leid, Zorn, Trauer, Krankheit und endgültigem Verfall vor dem Dekor von Dürre, Überschwemmung oder Missernte

Der Ganges ist heilig. Auf den „Ghats", den Treppenstufen zum Ufer hinunter, herrscht den ganzen Tag hindurch ein reger Wechsel von Szenen. Man sieht Mönche, Nonnen, nackte oder halbnackte Pilger, mit Asche bedeckte Sadhus, in Andacht versunkene Yogis. Aber auch ganz gewöhnliche Hindu-Gläubige singen, baden und beten. Sie schöpfen Wasser zum Trinken oder waschen gar die Wäsche. Sie bringen Bildnisse der Götter zum Fluss, um sie mit seinem „heiligen" Wasser zu benetzen. Andere tauchen darin unter, um sich von Sünden reinzuwaschen. Festlich gekleidete Knaben mit geschorenen Köpfen reisen mit ihren Vätern hunderte Kilometer weit, um die erste „Weihe" zu erhalten. Hochzeitszüge pilgern zum heiligen Strom. Für viele ist er aber auch Endstation des irdischen Lebens: Tag und Nacht lodern die Feuer an den Kremationsstätten. Die Asche der Toten wird im Fluss bestattet. Das rituelle Leben am Ufer des Ganges ist Ausdrucksform des Gehorsams gegenüber dem Allmächtigen.

wird die endgültige Erlösung gegenübergestellt. Ziel ist der Austritt aus dem ewigen Kreislauf der Wiedergeburten, die Erlösung, die Auflösung der individuellen Einzelseele um in die gesamthafte Weltenseele einzugehen. In dieser sind alle Gegensätze von Gut und Böse, Mann und Frau, Götter und Mensch, Belebtem und Umbelebtem aufgelöst und deshalb nicht mehr existent.

Die Heilswege zu dieser endgültigen Erlösung im Sinne des toleranten Hinduismus sind vielgestaltig: Gebete, Pilgerfahrten, Befolgung ritueller Gebote mittels Meditation, Yoga, Weltentsagung usw. Nach unserem Verständnis Widersprüchliches schliesst sich dabei nicht aus, die diversen Wege zum Heil können durchaus kombiniert werden. Ob über den Weg magischer Riten, leiblich-seelischer Übungen, Gottesliebe oder die Wege von Erkenntnis und Einsicht: *NICHT DER WEG IST VON BELANG, SONDERN DAS ZIEL!* Und dieses gemeinsame Ziel ist **moksha** oder *mukti (Sanskrit: Befreiung, Erlösung)*: Das Fallenlassen des *„atman" (Selbst, Einzelseele)* aus dem Körper und der *„maya"*-Welt *(Schein, Illusion)* sowie die Erreichung des *„brahman" (Weltseele)*.

Die Quellen der Hindu-Mythologie

Eine kaum überblickbare Anzahl heiliger Schriften bildet die Grundlage für das religiöse Leben der Hindus und die Mythologie der Götter. Nur schon die vier Veden sind viermal umfangreicher als die Bibel; das Epos **Ramayana** umfasst 24 000 Doppelverse, das Epos **Mahabharata** gar 90 000 Verse in 18 Bänden! Womit erklärt ist, dass selbst profunde Hinduismuskenner diese Religion kaum bis in all ihre Verästelungen kennen können. Diese Schriften von Offenbarung und Überlieferung gliedern sich in zwei Gruppen:

SHRUTI: *(Sanskrit: „Hören, das Gehörte")* Es sind die ältesten Werke als Texte göttlicher Offenbarung. Sie sind von höchster geistlicher Autorität, gelten als verbindlich für Fragen von Lehre und Ethik. Inhaltlich umfassen sie die Schriften der *Veden* mit den *Brahmanas* und *Upanischaden*. Sie sind nur einem kleinen Teil der Bevölkerung zugänglich und verständlich!

SMRITI: *(Sanskrit: „Erinnerung")* sind sehr alte, heilige, von Menschen verfasste Überlieferungen. Sie sind das Werk vieler Generationen von Heiligen. Inhaltlich gehören dazu die *Sutras, Shastras, Vedangas,* die *Purana-Literatur, tantrische Schriften* sowie die beiden grossen indischen Nationalepen *Ramayana* und *Mahabharata*. Diese Schriften sind Teil des religiös-kulturellen Lebens – sie sind breiten Bevölkerungsschichten zugänglich und verständlich.

Ramayana – Mahabharata – Bhagavadgita

Das **Ramayana** *(Sanskrit: Ramas Lebenslauf)* ist das bekanntere der beiden Epen. Viele klassische Tänze in Indien und auf Bali basieren auf diesem Epos. Überdies sind viele religiöse Skulpturen diesem Thema gewidmet. Den Kindern gläubiger Hindu-Eltern sind die Epen genauso lieb wie den europäischen die Märchen von Grimm. Sie schildern auf schlichte, eindringliche und phantasieanregende Art den Unterschied von Gut und Böse, illustrieren, wie das Böse dem Guten unterliegt. Für die Erwachsenen geht es vor allem um das Thema ehelicher Treue und brüderlicher Loyalität. Das gesamte *Ramayana* ist voll von kleinen Episoden und Nebenszenen mit einer stattlichen Zahl von Haupt- und Nebenakteuren, die zusätzlichen Stoff für weitere Tanz- und Theateraufführungen liefern.

Die nachstehende Kurzfassung des Ramayana beschränkt sich auf die zentrale Handlung und Akteure, wobei Handlung und Namen in den einzelnen Regionen, etwa zwischen Indien und Bali, sehr wohl variieren können.

Im Königreich *Ayodhya* lebt der König **Dasaratha**. Er hat drei Frauen: **Kausalya, Kaikeyi** und **Sumitra** sowie die vier Söhne **Rama, Lakshmana, Bharata** und **Satrughna**. In *Lanka (Alengka)*, dem Königreich Ceylon (dem heutigen Sri Lanka), lebt der Dämonenkönig **Ravana** mit seinem Gefolge und seinen Brüdern. Eine Rolle spielen ferner der Affenkönig **Sugriwa** und **Hanuman**, der Affengeneral von *Guakisendra*, dem Affenkönigreich.

In *Ayodhya* lebt König **Dasaratha** mit seiner Familie, glücklich und zufrieden. Sein ältester Sohn **Rama** fällt schon in frühester Jugend durch Kraft, Geschicklichkeit und edle Gesinnung auf. Nicht zuletzt weil er der Ehe mit der Hauptkönigin Kausalya entstammt, wird er von Dasaratha zum Thronfolger erkürt. Kurz vor dem Thronfest wird Rama von seiner Stiefmutter Kaikeyi für 14 Jahre in die Verbannung geschickt – sie hätte lieber ihren leiblichen Sohn Bharata auf dem Throne gesehen.

Ramas edler Bruder übernimmt die Königswürde nur für die Zeit von dessen Verbannung an. **Rama** verlässt in Begleitung seiner treuliebenden Gattin **Sita** und seinem zweiten Bruder **Lakshmana** das Königreich. Sie ziehen alle in den mythischen Wald *Dandaka*; und hier beginnt die eigentliche Handlung der Geschichte.

Rama, als eine *Inkarnation des Gottes Vishnu*, steht für Kraft und Ehrlichkeit, **Sita**, seine Frau gilt als *Inkarnation der Göttin Lakshmi*, Symbol der weiblichen und mütterlichen Liebe und Treue; sein Bruder **Lakshmana** ist Symbol brüder-

Rama, Sita und Lakshmana, die wichtigsten Akteure im Ramayana-Epos.

licher Loyalität. Ihr aller Kampf gilt **Ravana**. Dieser Dämon, mit all seinen Gehilfen und Verbündeten, verkörpert das Böse schlechthin.

Die Auseinandersetzung der Konfliktparteien strebt einem Höhepunkt entgegen, als Ravana die Sita mit einem Ablenkungsmanöver nach *Lanka (Alengka)* verschleppt: Ein Reh rennt in den Wald hinein, Rama setzt ihm mit Pfeil und Bogen nach. Mittlerweile wird der zum Schutze Sitas zurückgebliebene Bruder durch Ramas nachgeahmte Hilferufe weggelockt. Derweil wird die schutzlose Sita entführt. Im Dämonenreich brechen Kämpfe aus. Dank der Hilfe von Affengeneral Hanuman und dessen Armee kann Rama seine geliebte Frau Sita befreien. Über die sogenannte Affenbrücke – Hanumans Armee schlägt sie von der Insel Sri Lanka zum indischen Festland – kehren sie in ihr Königreich zurück; sinnigerweise genau zum Zeitpunkt des Ablaufs von Ramas 14jähriger Verbannung. Rama erbt den Thron seines edlen Bruders und regiert mit Sita das glückliche Königreich *Ayodhya*...

Im Epos *Mahabharata* ist die Auseinandersetzung der Nachkommen von König **Bharata** beschrieben; Schilderungen der Kämpfe zwischen den Pandavas und Kauravas, verknüpft mit vielen spirituellen Lehrstücken, Mythen und Sagen. Das *Mahabharata* gilt als längstes Gedicht der Weltliteratur. Der *„Gesang des Erhabenen" (Bhagavadgita)* ist ein philosophisches Lehrgedicht, wo Gott **Vishnu** in seiner achten Inkarnation die Hauptrolle übernimmt; in jungen Jahren macht er als hinreissender Flötenspieler und charmanter Liebhaber Furore, später als Wagenlenker und Berater des Pandava-Prinzen **Arjuna**. Für viele gläubige Hindus ist die *Bhagavadgita* schlichtweg *„das Buch der Bücher"*.

Das Pantheon der Götter

Die religiöse Tätigkeit im Hinduismus scheidet sich in zwei ausgeprägte Stufen. Nur ein relativ

Hanuman, der Affengeneral.

kleiner Kreis gebildeter Hindus vermag die religionsphilosophischen Werke zu verstehen. Diese Gelehrten beschäftigen sich mit der hohen Philosophie, den Schriften der Veden und Upanischaden. Sie vermögen damit den schwierigen Erkenntnisweg zu gehen. Um den religiösen Bedürfnissen breiter Massen Genüge zu tun, entwikkelten sich Schulen, die den Weg zur Erlösung einfacher darlegen. Die Vielfalt des hinduistischen Götterpantheons liefert dazu den Schlüssel.

Drei grosse Schulrichtungen haben sich herauskristallisiert: Der *Vishnuismus* hat den weitaus grössten Anteil von Anhängern (über zwei Drittel der gläubigen Hindus), gefolgt vom *Shivaismus* und *Shaktismus* mit bedeutendem Anteil an Gläubigen. Kleiner hingegen ist die Zahl der Anhänger des Neo- und Reformhinduismus.

Alle Anschauungen zum Heilsweg gelten, ganz im Geiste indischer Toleranz, als gleichwertig. Wer sich für (s)eine Richtung entscheidet, ist nicht zwangsläufig gegen die anderen! Durchaus vorstellbar, dass im Andachtsraum eines Shivaiten neben der Statue von Shiva auch Vishnu, Durga, Ganesha oder Surya anzutreffen ist: Jeder Gläubige betet vor seiner auserwählten Gottheit. Die Anhänger der verschiedenen Glaubensrichtungen sind oftmals anhand eines Bekenntniszeichens auf ihrer Stirn zu erkennen:

Die Anhänger von Gott **Vishnu** *(Vishnuiten oder Vaishnayas)* verehren Vishnu oder eine seiner Inkarnationen. Vishnu ist Schöpfer und ewiger Weltenherr. Ihr wesentliches Bekenntniszeichen sind zwei senkrechte, weisse Linien. In U-Form steigen sie von Nasenwurzel zur Stirn; ein roter Balken führt mittendurch.

Die Anhänger von **Shiva** *(Shivaiten oder Shaivas)* verehren Shiva, den höchsten Gott, Schöpfer und ewigen Weltenherr. Shiva manifestiert sich in zahlreichen Formen. Ihr wesentlichstes Bekenntniszeichen sind drei waagrecht verlaufende Streifen aus Asche oder weisser Farbe. Darunter einen roten Punkt an der Nasenwurzel, zwischen den Augen. Dieser Punkt repräsentiert das ***„Dritte Auge Shivas"***, mit welchem er Dämonen verbrennt. Shivaiten tragen oft auch einen Dreizack bei sich.

Die häufigste Stirnzeichnung der Vishnu-Anhänger: Zwei senkrechte weisse Striche, die eine rote Linie umschliessen (über 20 weitere Varianten von Zeichnungen sind möglich).

Die Anhänger des *Shaktismus (Shaktas)* sehen **Shakti** als verehrungswürdiges, absolutes Weiblichkeits-Prinzip an. Shakti symbolisiert Energie, Kraft und weibliche Macht. Sie verkörpert die weibliche Energie eines Gottes. Im Kult von Gott Shiva führt dessen Shakti die Namen **Kali** und **Durga**. Beide sind selbständige Gottheiten und werden über dem männlichen Gott stehend, verehrt.

Die häufigste Stirnzeichnung der Shiva-Anhänger: Drei horizontale weisse Striche und das „Dritte unsichtbare Auge Shivas" (über 30 weitere Varianten von Zeichnungen sind möglich).

*Das „**Dritte Auge Shivas**" für die Frauen ursprünglich das Kennzeichen, dass sie verheiratet sind. Es ist heutzutage oft ein Teil des make-up der Inderinnen. Die Farbe des Punktes kann je nach Sahri variieren.*

Prambanan auf Java in Indonesien ist eine der wenigen Tempelanlagen, die der Dreiheit Brahma-Shiva-Vishnu gewidmet ist.

Das hinduistische Götterpantheon besteht aus Tausenden von Göttern. Doch im Mittelpunkt stehen drei Götter mit ihren Abkömmlingen:

▼ ***Brahma***
 die erschaffende Kraft
▼ ***Vishnu***
 die erhaltende Kraft
▼ ***Shiva***
 *die zerstörende,
 wiederaufbauende Kraft*

Sie verkörpern die Urprinzipien, die das Universum erfüllen. Diese Götterdreiheit **Trimurti** (*Sanskrit: trimurti = dreiförmig*) hat ein weibliches Pendant, nämlich **Lakshmi**, sie steht für Schöpfung, **Sarasvati** für die Erhaltung, und **Durga** bzw. **Kali** für die Zerstörung und Erneuerung.

BRAHMA Schöpfer	SARASVATI Flussgöttin
Werkmeister des Alls	Göttin der Gelehrsamkeit, Musik, Kunst und Akademik
Leittier: **Hamsa (Gans)**	Leittier: **Schwan**

Merkmale von Brahma und Sarasvati

▼ Merkmale: Brahma wird vierarmig dargestellt, mit vier Gesichtern, welche die vier Veden symbolisieren, den Rigveda, Samaveda, Yajurveda, und Atharvaveda. *(Ursprünglich hatte er fünf Köpfe.)* Seine Hautfarbe ist rot.

▼ Brahma als männliche Personifizierung des neutralen Begriffs *„brahman" (Sanskrit: absolutes Selbst, Weltseele).*

▼ Die Mythologie machte aus dem Schöpfungsaspekt einen Schöpfergott, das heisst ein *Demiurg, Werkmeister des Alls.* Brahma wird den Auftrag für die Neuschaffung einer Weltepoche von Vishnu oder Shiva erhalten. Brahma ist der am wenigsten in menschlicher Erscheinung dargestellte Gott der Dreiheit; kaum ein Tempel ist ihm geweiht, denn Brahma ist überall und allgegenwärtig.

Brahma

▼ Nebst seiner Funktion als Schöpfergott reguliert Brahma das Gesetz des Karma.

▼ Legende: Brahmas erste Gemahlin hiess Savitri bzw. Gayatri. **Sarasvati** hiess seine Tochter, Brahma verliebte sich in sie. Voll sinnlichem Entzücken schaute er ihr nach. Scheu, wie sie war, entzog sie sich seinem begehrlichen Blick. Doch in welche Richtung Brahma schauen mochte – stets wuchs ihm ein neuer Kopf. Als die Angebetete sich in die Luft erhob, erwuchs ihm ein Kopf zum Himmel hin. Als Strafe für den Inzest schlug ihm Shiva seinen fünften Kopf ab! Nach der Bluttat wusch sich Shiva dort, wo heute *Benares/Varanasi* liegt, am Ganges-Fluss.

▼ Seine Frau Sarasvati gilt als Mutter der Veden und Erfinderin des Sanskrit.

▼ Attribute (Symbole): Zepter, Löffel, Krug, Gebetskette (Perlen der Zeit), Buch (Veda).

VISHNU	LAKSHMI
Der Erhalter	Göttin der Vernunft, des Reichtums, der Weisheit, des Glücks
Leittier: **Garuda-Adler** eine Menschengestalt mit einem Schnabel, Krallen und kräftigen Schwingen eines Adlers	Leittier: **Kuh**

Der Sohn von Vishnu und Lakshmi:

KAMA *(Sanskrit: Begehren, Verlangen)* bzw. Kandarpa, Sohn von KRISHNA und RUKMINI. Er ist verheiratet mit RATI (Sanskrit: Wollust).

Als nie alternder, schöner Jüngling, trägt er einen Bogen aus Zuckerrohr, dessen Sehne aus einer Kette von Bienen besteht, seine Pfeile bestehen aus verschiedenen Blumen. Sein Reittier ist der Papagei.

Merkmale von Vishnu und Lakshmi

▼ Merkmale: Für die Anhänger Vishnus ist ihr Gott der Schöpfer und Erhalter der Welt. Er ist als freundlich-gütiger, milder, wohlmeinender Gott gezeichnet, Recht und Wahrheit schützend. Dementsprechend vertrauensvoll treten ihm die Gläubigen gegenüber.

▼ Ist die Menschheit in Gefahr, bösen Mächten, moralisch-sittlichem Verfall anheimzufallen, kommt Vishnu zur Erde als Inkarnation: Dann werden die Guten belohnt, die Bösen bestraft. In seinen ersten Inkarnationen geschah dies als Tier, danach in Menschengestalt. Jedes Herabsteigen wird in einer Legende geschildert.

▼ Attribute (Symbole): Muschel, Keule, Wurfscheibe, Lotusblume.

▼ Lakshmi: Als Vishnus Gattin und Shakti wird Lakshmi auch Shri oder Vaishnavi genannt. Schon früher stand sie ihm in seinen Inkarnationen zur Seite. Die Göttin wird, sitzend oder stehend, oft auf einer Lotusblüte als goldfarbene Göttin dargestellt.

Vishnu, auf seinem Leittier **Garuda,** der Menschengestalt mit Schnabel, Krallen und den kräftigen Schwingen eines Adlers. Diese Darstellung findet man oft auf Bali, Indonesien. Die beiden thronen auf den Drachen und der Schildkröte, Figuren aus der balinesischen Hindu-Mythologie.

Die Inkarnationen von Vishnu und Lakshmi
Die Avataras (Herabstiege auf die Erde)

1. Fisch (matsya)
2. Schildkröte (kurma)
3. Eber (varaha)
4. Mann-Löwe (narasimha)
5. Zwerg (vamana)
6. Rama mit der Axt (parashurama)
7. R A M A der Held im Ramayana-Epos, zusammen mit seiner Gemahlin SITA
8. K R I S H N A als Sagenheld in der Bhagavadgita, zusammen mit seiner Geliebten RADHA, bzw. seiner späteren Frau, der Fürstin RUKMINI
9. B U D D H A
10. K A L K I N (wird noch erwartet)

Die wichtigsten Inkarnationen

▼ **Rama:** Vishnus zwei wichtigste Inkarnationen sind Rama und Krishna. Rama, der Held im Epos Ramayana, verkörpert das Ideal des Mannes, Sita das weibliche Ideal. Rama ist nicht nur der häufigste Kindername in Indien, gläubige Hindus wollen mit diesem Namen auf den Lippen auch sterben: Noch im Todeskampf flüsterte der gemeuchelte Mahatma Gandhi „he ram, he ram".

▼ **Krishna:** Verschiedene Sagen und Mythen haben sich zu dieser gottgewordenen Sagengestalt verwoben. Ursprünglich königlichen Geblüts, zogen ihn gewöhnliche Bauern gross. Als Jugendlicher eroberte er mit hinreissendem Flötenspiel – mit diesem Instrument wird er auch meistens dargestellt – die Herzen der *„Gopis" (Hirtenfrauen)*. Gemäss Legende soll er mit 16 000 Frauen verheiratet gewesen sein, diese hätten ihm 180 000 Söhne geschenkt... In späteren Jahren wurde Krishna Wagenlenker und Berater des Pandavaprinzen Arjuna in dessen Kampf gegen die Kauravas *(Mahabharata/Bhagavadgita)*.

▼ **Legende:** Krishna entwendet den Hirtinnen beim Baden die Kleider, hängt sie an einen Baum, spielt derweil mit seiner Flöte zum Tanze auf. Krishnas Tändeln mit den Hirtinnen symbolisiert Gottes Liebe (bhakti) zu den Menschenseelen, personifiziert durch die Hirtin Radha. Die weggenommenen, am Baume aufgehängten Kleider stehen für die Enthüllung der „nackten Wahrheit am Baum der Erkenntnis". Das Flötenspiel symbolisiert den Menschen: Der im Prinzip tonlosen Flöte haucht erst der Atem des (Ton)Schöpfers (musikalisches) Leben ein.

▼ **Buddha:** Der Mythos dieser Inkarnation gilt als Versuch der Brahmanen, den Buddhismus mittels Integration zu assimilieren.

▼ **Kalkin:** Er ist die letzte, noch ausstehende Inkarnation in Gestalt eines apokalyptischen Reiters. Mit flammendem Schwert auf dem Schimmel sitzend, wird Vishnu als Erlöser am Ende des jetzigen Zeitalters erscheinen: Er wird diese Welt vernichten, um ein neues, goldenes Zeitalter zu begründen.

Krishna, die wichtigste Inkarnation Vishnus.

SHIVA	PARVATI
DER ZERSTÖRER UND ERSCHAFFER DER WELT	
Leittier: **Nandi-Stier**	Leittier: **Löwe**
1008 Erscheinungsformen (Aspekte / Sahasra Nama) aufgeteilt in 4 Hauptgruppen: 1. schöpferisch / wohlwollend 2. in Askese / Yoga 3. zerstörerisch / schrecklich 4. NATHARAJA, als König der Tänzer	**Erscheinungsformen** aufgeteilt in 5 Hauptgruppen: 1. gütig, fruchtbar, mütterlich 2. in Askese / Yoga 3. grimmig/unzugänglich 4. BHAIRAVI = zerstörerisch und schrecklich 5. Herrin des Todes

*Der **Lingam** (Phallus) und **Yoni** (die Vulva, das weibliche Gegenstück) symbolisieren den göttlichen Akt der Zeugung. Dieses heilige Objekt darf in keinem Shiva-Tempel fehlen.*

LINGAM (Phallus)
YONI (weibliches Geschlechtsorgan)
LOTUSBLÜTE

Merkmale von Shiva:

▼ Shiva steht im Sanskrit für „Der Freundliche, Gütige, Huldreiche, Wohlwollende".

▼ Für die Gläubigen ist Shiva die Personifizierung der absoluten Macht *(brahman)*, das zerstörende und zugleich erneuernde Prinzip für Verderben und neues Leben: Voraussetzung für neues Leben ist die Zerstörung des alten. Dies ist der Kreislauf der Natur.

▼ Shiva hat *ein drittes Auge*, mit welchem er Dämonen verbrennt. Es befindet sich unten an der Stirn an der Nasenwurzel.

Der Nandi-Stier ist in jedem Shiva-Tempel anzutreffen. Er symbolisiert die Eigenschaften des Starken und ermahnt zu moralischen und religiösen Pflichten sowie zur Einhaltung von Gerechtigkeit und Gesetz.

*Der **Dreizack** ist Shivas wichtigste Waffe und ist stets in seiner Nähe. Wander- und Bettelmönche der Shiva Richtung tragen ihn oft bei sich. Weitere Symbole Shivas sind: das Schwert, die Keule mit dem Totenkopf, eine Kette aus Totenköpfen, Schlangen, eine Gazelle in der Hand oder der Mondschein über dem Kopf.*

▼ Die Erscheinungsvielfalt dieses Gottes, der 1008 Namen trägt, gliedert sich in vier Kategorien:

1. Sein schöpferischer und wohlwollender Aspekt.

2. Ein sich kasteiender, göttlicher Asket und vorbildlicher Yogi.

3. Sein zerstörerischer, schrecklicher Aspekt namens **Bheirava** *(der Entsetzliche)*, **Kala** *(der Schwarze)*, **Mahakala** *(der grosse Schwarze)*, **Ugra** *(der Schreckliche)*, und **Hara** *(der Hinwegraffende)*. Die Waffen in seinen Händen unterstreichen den zerstörerischen Aspekt. Sein Sohn, der Kriegsgott **Karttikeya**, wurde in dieser Erscheinungsform von Shiva gezeugt.

4. Als wilder Tänzer, als **Shiva-Natharaja**, ist er gar König der Tänzer.

▼ Es handelt sich hierbei um vorübergehende Erscheinungsformen (Aspekte/Transformationen) und nicht, wie bei Vishnu, um Fleischwerdungen (Inkarnationen).

Merkmale von Parvati:

▼ Als **Shakti** und *Gattin von Shiva* stellt sie die Personifizierung seiner schöpferischen Energie dar und wird hauptsächlich als Devi *(Göttin)* bezeichnet. Sie ist die einzige Göttin im Hinduismus, die rangmässig gleichauf mit ihrem Gatten ist, ihn zum Teil gar überragt. Ähnlich ihrem Gemahl besitzt sie vielfältige Erscheinungsformen. Auch diese lassen sich in fünf Kategorien (Aspekte) aufteilen:

1. Gütiger, fruchtbarer und mütterlicher Aspekt mit den Namen **Mahadevi** *(grosse Herrin)*, **Parvati** *(Bergtochter)*, **Uma** *(Gnädige)*, **Kumari** *(Jungfrau)*, **Ambika** *(Mütterchen)*, **Amba** *(Mutter)*, **Jagadmata** *(Mutter der Welt)*, **Annapurna** *(Nahrungsreiche)*, **Bhagavati** *(Erhabene)*, **Gauri** *(Weisse, Blonde, Glänzende)*.

2. Asketischer Aspekt als Göttin **Yogeshvari** *(grosse Yogini)* und **Vajrayogini**.

3. Im Übergang vom gütigen zum grimmigen Aspekt als **Durga** *(Sanskrit: die Schwer- bzw. die Unzugängliche)*, **Durga** gilt als Kämpferin gegen die Dämonen und die Feinde der Götter. Sie ist zentrale Figur im Durgamythos, einer Umschreibung von Büffeljagden und -opfern. Zu Ehren dieser Göttin werden Büffelopfer erbracht.

4. Als **Bhairavi** zeigt sie ihre zerstörerische, schreckliche Seite. In dieser Form heisst sie zumeist **Kali** *(die Schwarze)*, wird aber auch **Candi/Candika** *(Grausame, Wilde)* genannt. Die am häufigsten verehrte Erscheinungsform von Shivas Gattin ist als **Durga** oder **Kali**. In dieser furchterregenden Form wird sie mit schwarzer Hautfarbe, auf den Leibern gefallener Feinde tanzend dargestellt, achthändig, mit heraushängender Zunge und einer Schädelkette am Hals.

5. Im fleischlos-skelettartigen Aspekt als **Chamunda** *(Herrin des Todes)* und als **Shitala** *(Herrin der Epidemien, insbesondere der Pocken)*.

Die zwei Söhne von Shiva und Parvati:

GANESHA (1. Sohn)	KARTTIKEYA (2. Sohn)
Glücks- + problemlösender Gott (mit Elephantenkopf)	Kriegsgott
Leittier:	Leittier:
Ratte	Pfau
Frauen: SHIDDHI (Vollendung) BUDDHI (Wissen)	Weitere Namen: **SUBRAHMANYA** (SKANDA/KUMARA)

Merkmale der Söhne:

Ganesha *(Herr über Scharen)* ist der wohl beliebteste Hindugott. Nach dem Diktat des Weisen Vyasa soll er das Epos Mahabharata geschrieben haben; er ist zuständig für Literatur und Wissenschaft. Vor allem aber gilt er als Beseitiger von Hindernissen. Deshalb ist er Zuflucht breiter Volksschichten: Die Kinder bemühen ihn für gute Prüfungsresultate, der Geschäftsherr mag ihn vor einem Vertragsabschluss oder finanziellen Entscheidungen angehen. Dies erklärt seine Präsenz nicht nur in den meisten Tempeln, sondern auch im Hausschrein indischer Familien.

Er ist leicht zu erkennen: Seinem wohlbeleibten Menschenkörper, mit einer Schlange umwunden, ist ein Elephantenkopf aufgesetzt. Er hat drei Augen, doch nur einen Stosszahn.

Zahlreiche Legenden liefern Erklärungen zu seinem seltsamen Aussehen: Nach längerer Abwesenheit nach Hause zurückgekehrt, fand Shiva seine Frau mit einem jungen Mann vor. Rasend vor Eifersucht, enthauptete er seinen vermeintlichen Rivalen mittels Schwerthieb. Tränenüberströmt stellte seine Frau darauf klar, dass er eben seinen Sohn und nicht den Liebhaber beseitigt habe, und diesen hätte sie in seiner Abwesenheit aus den Hautschuppen ihres Körpers geformt. Ein nunmehr gnädig gestimmter Shiva versprach, dass er ihrem Sohn den Kopf des ersten Tieres aufsetzen werde, das er erreichen könne.

Karttikeya: Shivas und Parvatis jüngerer Sohn wird auch **Skanda, Kurama** oder in Südindien **Subrahmanya** genannt. Er ist brahmanischer Kriegsgott, Symbol für Jugend und Kraft, Anführer der Götterheere.

Der Hinduismus hat das Pantheon der vedischen Götter übernommen und dann stark verändert. Wichtige Götter verloren an Bedeutung, ursprünglich weniger wichtige Götter reiften zu höchster Verehrung heran. Das beschriebene Götterpantheon steht über einer fast unbegrenzten Zahl niederer Gottheiten, Halbgöttern, heiligen Tieren und Pflanzen. Allein das Mahabharata-Epos zählt 30 000 göttliche Wesen! Da sind Planeten- und Sterngötter, himmlische Nymphen und Musikanten, Schatzwächter, Schutzgottheiten usw. Nach hinduistischem Religionsverständnis manifestieren sich halt die göttlichen Mächte in der gesamten Natur.

Die Götter erscheinen in verschiedenen Körperhaltungen: aufrecht oder mit gekreuzten Beinen stehend, in der Pose des Bogenschützen, sitzend *(Meditation, Yoga, entspannt europäisch)*, in fliegender Haltung usw. Ihre Hände drücken verschiedene Gesten aus: Sie können Schutz verheissen, einen Wunsch gewähren, es kann eine Lehrverkündung, Weisung, Drohung bedeuten, Verwunderung, Anbetung oder Begrüssung ausdrücken. Diese Vielfalt von Körperhaltungen und Handgesten kehren bei Statuen, Bildern, Reliefs immer und immer wieder zurück; von zentraler Bedeutung sind sie bei Tanzdarbietungen.

Ganesha, die wohl beliebteste Gottheit in Indien.

Für den Aussenstehenden ist dieses reich dotierte Götterpantheon höchst verwirrend. Und dass dieselben Götter an verschiedenen Orten völlig anders bezeichnet werden, trägt auch nicht gerade zur Klarsicht bei: Schon von einem Dorf zum andern mag dies der Fall sein. Diese Göttervielfalt lässt sich meistens auf die Dreiheit **Brahma-Shiva-Vishnu** zurückführen: In den meisten Darstellungen tragen die Götter ein Emblem oder symbolischen Gegenstand, der einen

Rückschluss auf ihre *„Herkunft"* erlaubt. Schliesslich ist auch ihr Trag- bzw. Leittier immer nahe. Diese Zeichen der Götter befinden sich meistens ausserhalb des Tempels, hauptsächlich beim Eingang.

Wenn wir also im Tempelareal den grossen Stier und Dreizack finden, muss es ein Shivatempel sein, auch wenn die Gottheit ganz anders heisst. Und ist der Adler Garuda zugegen, ob im Tanz, vor dem Tempel oder im Bild, wissen wir, Vishnu ist nicht weit.

Schlussbetrachtung

Wie wir gesehen haben, ist der Hinduismus die einfachste aller Religionen – theoretisch! Er besitzt keine zentrale Autorität, keine Hierarchie, keine direkte göttliche Offenbarung, keinen starren, engen Moralkodex. In der Praxis hingegen ist er so komplex, dass täglich zahllose Gurus auf Indiens Strassen und Gassen subtile religiöse Fragen vor einem Kreis aufmerksamer Schüler und interessierter Zuhörer zur Sprache bringen. Einen Begriff von den Widersprüchen im Hinduismus erhält, wer sich vor Augen hält, dass nur *eine* zentrale Gottheit existiert, er gleichzeitig aber Millionen anderer Götter hat. Schon die alten Weisen waren von der ewigen Wiederkehr des Lebens beeindruckt, die eine Raupe zum Schmetterling und das Schmetterlingsei zur Raupe werden lässt. Die einzelnen Stückchen Leben müssen also, so folgerten die Weisen, wieder und wieder geboren werden, wobei sie aus der Pflanze zum Tier, aus dem Tier zum Mensch, aus einem Menschen zum anderen werden, in beständiger Auf- und Abwärtsbewegung. Und hinter der unbeständigen materiellen Welt muss, ähnlich dem Gesicht hinter der Maske, die unsichtbare Quelle des Lebens und aller Dinge liegen: der reine, unveränderliche Geist. Bekanntlich ist höchstes Ziel des Hinduismus, die Einheit mit Gott zu erreichen, mit dem ewigen Geist, mit Brahman.

Wegen der Bindung des Hindus an den Lebenskreislauf untersteht er dem gnadenlosen Gesetz von Ursache und Wirkung: das Karma als Regulator menschlichen Schicksals, welches sich erst im ***nächsten*** Leben verändern lässt. Dieser Umstand blockiert die Handlungsfähigkeit des Individuums: Er ist zu einem vorgegebenen Leben und Tätigkeit gezwungen, hat kein Recht, aus diesem Rahmen auszubrechen. Dieses allumfassende religiös-soziale System ist seit Jahrtausenden verankert. Bemühungen hin zu einem modernen Staat werden dadurch erschwert, wenn nicht gar verunmöglicht.

Alltag ist Religion, Religion ist Alltag – gerade dies macht für den Fremden einen Teil der Faszination Indien aus. Massenelend, Überbevölkerung samt gewaltigen, ökologischen Problemen, Gewaltakte religiöser Minderheiten: solche Schreckensnachrichten irrlichtern durch unsere Medien. Man darf darob die Proportionen nicht verlieren: In diesem Lande – präziser: Subkontinent – leben doppelt so viele Menschen wie in ganz Südamerika, bald wird es eine Milliarde sein; 90 Prozent davon in bitterer Armut. Ihre er-

Shiva-Natharaja – der König der Tänzer.

bärmlichen Lebensbedingungen ertragen sie stoisch, mit heiterer Gelassenheit. Vor diesem problembeladenen Hintergrund ist schwer vorstellbar, wie explosiv die indische Gesellschaft wäre, besässe sie nicht den Trost der besseren Wiedergeburt.

Om (A-um), *die heilige Meditations-Silbe des Hinduismus, Buddhismus und Jainismus. Sie ist mit einer Fülle von esoterischen Bedeutungen befrachtet und gilt als unvergänglich und unerschöpflich.*

Der Buddhismus

Im Gegensatz zu den anderen grossen Weltreligionen ist der Buddhismus von seinem Ursprung her eine Philosophie. Im Laufe der Jahrhunderte hat sie sich zu einem Religionsgebilde entwickelt. Anders als im Hinduismus gibt es im Buddhismus kein Kastenwesen. Gemäss buddhistischer Interpretation der geistigen Wahrheit findet sich praktisch nichts, was an einen bestimmten Ort, Rasse oder Stamm gebunden wäre.

Die Buddhisten erheben auch keinerlei Einwände gegen die Anbetung mehrerer oder gar vieler Götter, denn die Vorstellung eines eifersüchtigen Gottes ist ihnen fremd. Anders als im Hinduismus existiert im Buddhismus keine Priestergruppe mit Erbfolge. Auch fehlt die göttliche Offenbarung. Hier beruft man sich auf die Äusserungen eines *„Erleuchteten Menschen"*. Buddha versteht sich nur als *„Wegweiser zum Heil"*, ohne Anspruch auf göttliche Verehrung. Buddha hat die Frage nach Gott nie beantwortet. Auf die Frage nach dessen Existenz war seine Antwort ausweichend: *„Weil ich nichts Gesichertes darüber weiss, muss ich Euch die Antwort schuldig bleiben. Für den Erlösungsweg des Menschen ist dies ohnehin unbedeutend."*

Buddhas Heilslehre befasst sich nicht mit einem unergründlichen Anfang. Sie klammert das Wirken einer nicht wahrzunehmenden Gottheit aus, stellt die nicht zu beantwortende Frage nach der *„letzten Belohnung des Vollkommenen"* zur Diskussion. Sie nimmt das Leben, wie es ist. Alles ist gut, was zum seligmachenden Ziele führt: Die Verminderung des Elends aller empfindenden Wesen. Dazu stellt sie Verhaltensregeln auf, vermittelt Hoffnung für Glückseligkeit. Die Überlegungen fussen auf der Annahme, des Menschen Vernunft wäre sein sicherster Führer und das Gesetz der Natur sei vollkommene Gerechtigkeit.

Gott hat weder die Gebote erlassen noch straft er deren Verletzung. Buddhistische Gebote sind reine Sittengebote. Wer sie befolgt, soll vom diesseitigen *samsara (vorüberfliessen, weiterfahren)*, dem Kreislauf endloser Wiedergeburten ins jenseitige *nirvana (auswehen, aushauchen, erlöschen)* eingehen. Ins *nirvana* zu vollkommener Ruhe im immerwährenden Paradies.

Buddhas Lehre heisst *„Fahrzeug"*. Ob damit das *„kleine Fahrzeug"* (Hinayana), das *„grosse Fahrzeug"* (Mahayana) oder das *„diamantene Fahrzeug"* (Vajrayana) gemeint ist, macht letztendlich keinen grossen Unterschied. Der Gläubige besteigt das Fahrzeug seiner Wahl, mit welchem er den Fluss des Lebens überquert: hier das Ufer von Unwissenheit, Begierde und Leiden, dort das Ufer der Weisheit, Befreiung und Erleuchtung. Die verschiedenen Schulen mögen sich in ihren Glaubenspraktiken unterscheiden. Für den, der das Ziel erreicht hat, sind sie so unerheblich wie das gewählte Fahrzeug. Der Erhabene formuliert es so: *„Wäre jemand ein kluger Mann, wenn er, am andern Ufer angelangt,* *aus Dankbarkeit für das Floss, das ihn über den Strom zur Sicherheit trug, am Floss haften bliebe, es auf seinen Rücken nehmen und mit dessen Gewicht herumwandern würde?"*

Das Prinzip ethischer Selbstdisziplin bündelt die folgende Ermahnung *„Töten, Stehlen, geschlechtliche Ausschreitung, Lügen, Verleumdung, Schimpfen, Plappern, Habgier, Übelwollen und falsche Anschauung ist das diesseitige Ufer; das Unterlassen dieser 10 Dinge das jenseitige…"*

Die historischen Tatsachen des Lebens von **Siddharta Gautama** *(Buddhas Name zu Lebzeiten)* lassen sich von den Legenden *(Jatakas)* nur schwer trennen. Die physische Existenz des Individuums Gautama ist für den buddhistischen Glauben ohnehin von geringer Bedeutung. Für das religiöse Leben ist von Belang, dass das Individuum Siddharta Gautama seine Erfüllung fand. Nach offizieller buddhistischer Theologie ist Buddha, der Erleuchtete, eine Art von Urtypus, der sich zu verschiedenen Zeiten und in verschiedenen Persönlichkeiten verwirklicht hat – seine individuellen Eigentümlichkeiten sind unerheblich.

Der Buddhist glaubt an die Wiedergeburt. Für ihn ist klar, dass Gautama Buddha um 560 vor unserer Zeitrechnung nicht zum ersten Male auf der Welt war. Wie jedes andere Geschöpf hatte er damals viele Geburten und Daseinsformen hinter sich, erlebte die Welt als Tier, Mensch und Gott. Die geistige Vollendung als Buddha kann nicht das Resultat eines einzigen Lebens sein; diese Vervollkommnung muss über Jahrhunderte hinweg erreicht werden. Seine Reise muss lang gewesen sein, unvorstellbar lang. Über diese Zeit hinweg hatte der künftige Buddha ausgiebig Gelegenheit, sich in allen Tugenden zu üben.

Der Weg zur Erleuchtung

Siddharta Gautama wurde 563 v. Chr. als Sohn eines Fürsten der Hindukriegerkaste im Geschlecht der *Schakja* bei Kapilavastu, im heutigen Nepal, geboren. Der Prinz verbrachte die Jugend in königlichem Glanz und Luxus in der Umgebung des väterlichen Palastes. Er war wohlbehütet, fühlte sich geborgen. Was ausserhalb der

Gemäss Legende hat die Mutter Siddharta Gautamas ihren Sohn aus der Seite heraus geboren. Bei seinen ersten Schritten wuchsen Lotusblüten unter seinen Füssen. Fresken im Innern des „Mulagandhakuti Vihara" stellen die Szenen aus dem Leben Buddhas sehr eindrucksvoll und gut verständlich dar. Dieser moderne Tempel befindet sich in Sarnath, nahe bei Benares / Varanasi.

Palastmauern geschah, verbarg sich ihm.

Als 16jähriger wurde er mit seiner adligen Cousine Yasodhara aus dem benachbarten Koliyas-Clan verheiratet. Er kam in den Genuss von Bewegungsfreiheit. Eines Tages fuhr er mit seinem Kutscher über Land. Was ihm dabei widerfuhr, war prägend: Er sah **alte Menschen, Kranke, einen Asketen und einen Toten**. Diese Lebensperspektiven irritierten ihn zutiefst. Der Kutscher gab ihm zur Antwort: *"Das, was Du hier siehst, Siddharta, steht allen Menschen bevor!"* Der junge Fürst erschrak. **Das** also war das Resultat jeder Geburt: Leid, Not und Tod! Er kam ins Grübeln, sein jetziges Leben erschien ihm als Illusion, ein Trugbild, letzten Endes ein Nichts: Die Schönheit seines Palastes, die Liebe seiner jungen Frau, die Welt des Glücks und materieller Sicherheit – er empfand es als schales Glück. Diesen Ausweg erkannte er als den einzig richtigen: Die Freuden dieses Lebens aufzugeben, um damit die Freiheit von den Übeln dieser Welt zu gewinnen! Also nahm er eines Nachts Abschied von Frau und sechsmonatigem Sohn. Bewusst verliess er die Geborgenheit des Palastes, ging in der Wildnis den Weg des grossen Verzichts.

Zuerst holte er sich Rat bei einem berühmten Philosophen seiner Zeit, Alara Kalama, dann praktizierte er Yoga, versuchte verschiedene Arten von Meditation, und unterwarf sich strengen Prüfungen. Darben brachte ihn, zusammen mit fünf heiligen Hindus, an den Rand des Hungertodes. Nach sechs Jahren hatte er seine Furcht vor dem Leben besiegt und er hatte gelernt, seinen Geist zu beherrschen. Doch sein grosser Wunsch, die Einsicht *"ins Letzte"*, war noch nicht erfüllt; die Antwort auf seine Fragen nach dem Sinn des Lebens, des Leidens und Sterbens brachte ihm seine Askese nicht. Nach diesem Eingeständnis gab er seine Yogapraktiken auf und begann wieder regelmässig zu essen. Enttäuscht verliessen ihn seine fünf Jünger: Sie mochten nicht mehr an ihn glauben.

Aber Gautama war hartnäckig. Er zog weiter und liess sich schliesslich in Uruvela, nahe des heutigen Bodhgaya nieder. Wiederum gab er sich intensiver Meditation hin. Am 49. Tage seiner Versenkung widerfuhr Siddharta Gautama unter einem Baum seine

Der prächtige Bodhibaum im „Wildpark" von Sarnath. Er stammt von einem Ableger des Originalbaumes in Bodgaya, unter welchem Siddharta Gautama zum „Buddha" wurde.

In thailändischen Tempeln erzeugen unzählige Glöcklein durch ihren hellen und bezaubernden Klang eine Stimmung der Ruhe und des Friedens. Der Schwengel dieses Glöckleins hat die Form eines Blattes des heiligen Bodhibaumes.

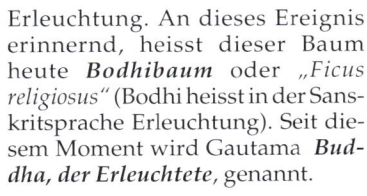

Erleuchtung. An dieses Ereignis erinnernd, heisst dieser Baum heute **Bodhibaum** oder *„Ficus religiosus"* (Bodhi heisst in der Sanskritsprache Erleuchtung). Seit diesem Moment wird Gautama **Buddha, der Erleuchtete**, genannt.

In Sarnath, nahe der heiligen Stadt Benares, traf er seine ehemaligen fünf Jünger und teilte ihnen mit, was ihm durch die Erleuchtung klar geworden war. Diese Erkenntnis, die Lehre Buddhas, ist für den Buddhisten von gleicher Bedeutung wie die Bergpredigt für die Christen. Gegenstand dieser Lehre sind die *„Vier edlen Wahrheiten"*. Buddha empfiehlt darin den *„Pfad der Mitte"*, jenen Weg zwischen sinnlichem Vergnügen zum einen, rigoroser Askese bis hin zur Selbstkasteiung zum andern. Nur dieser Weg führe zu innerem Frieden, Erleuchtung und schliesslich zur Erlösung.

Laut den Buddhisten setzte Buddha damit das *„Rad der Lehre"* in Bewegung, und es entstand der Mönchsorden *„Sangha"*. Bald hatte Buddha eine Schar von über 60 Anhängern um sich versammelt. Darunter befanden sich der Hauptjünger gewordene Sariputra, ein Mann von grosser Gelehrsamkeit, sein Lieblingsjünger Ananda sowie sein eigener Sohn Rahula. Mit umfassenden Anweisungen für ihre künftige Lehrtätigkeit versehen, schickte er sie in alle Himmelsrichtungen. Buddha selbst streifte 45 Jahre lang kreuz und quer durch Indien, um seine Lehre zu verbreiten.

Seine letzten Tage verbrachte Buddha in einem Kloster in Sravasti. Nach dem Genuss verdorbener Nahrung erkrankte er schwer. Er rief seine Jünger zusammen. Ein letztes Mal besprach er mit ihnen die Vergänglichkeit

Das Rad der Lehre: Mit seinen acht Speichen symbolisiert es den *„Edlen, achtgliedrigen Pfad"*.

aller Dinge und ermahnte sie, unablässig an ihrer eigenen Erlösung zu arbeiten. *„Nach meinem Tode lehrt das Gute, tut das Gute, handelt gut. Wo immer ihr so handelt, werde ich zugegen sein!"* Es waren die letzten Worte des 80jährigen Buddhas, des als Siddharta Gautama Geborenen. Buddha ging ins Nirvana ein, in jenen Zustand *„des grossen, unsagbaren Nichtseins"*. Für ihn und jeden Buddhisten ist dies das letzte Ziel alles Strebens.

Grundlage seiner Philosophie sind die *„Vier Edlen Wahrheiten"*, nachzuvollziehen im *„Edlen achtgliedrigen Pfad"*, symbolisch im *„Rad der Lehre"* dargestellt.

Die „Vier edlen Wahrheiten"

**1. Die edle Wahrheit vom Leiden
„Was ist das Leiden?"**

Geburt ist leidvoll. Altern ist leidvoll. Krankheit ist leidvoll, Sterben ebenso. Trauer, Schmerz, Gram und Verzweiflung sind leidvoll. Mit Unliebem verbunden sein ist leidvoll. Vom Lieben getrennt sein ist leidvoll. Das Nichterlangen von Begehrtem ist leidvoll. Summa: Jegliche Art des Begehrens ist leidvoll.

**2. Die edle Wahrheit von der Entstehung des Leidens
„Was ist die Ursache des Leidens?"**

Gier bewirkt Leid, jenen Durst, der von Wiedergeburt zu Wiedergeburt führt, der von Lust und Leidenschaft begleitet ist, der hier und dort seine Freude findet, der nach Sinnesgenuss, Werden, Dasein und Vergänglichkeit strebt.

**3. Die edle Wahrheit von der Aufhebung des Leidens
„Wie kann das Leiden aufgehoben werden?"**

Nur wer sich von Begierde und Durst löst, wer sie vernichtet und aufgibt, kann sich des Leidens entledigen.

**4. Die edle Wahrheit vom Pfad zur Aufhebung des Leidens
„Der edle, achtgliedrige Pfad"**

1. Rechte Anschauung: Das Wissen um das Leid, seine Entstehung, seine Aufhebung und den Weg zu seiner Aufhebung kennen.

2. Rechte Gesinnung: Frei sein von jeglicher Begierde, Gewalttätigkeit und Übelwollen.

3. Rechtes Reden: Lügen und Verleumdung entsagen.

4. Rechtes Handeln: Unterlasse Töten, Stehlen, unerlaubten Geschlechtsverkehr.

5. Rechter Lebensunterhalt: Aufgabe unrechten Lebenserwerbs wie Handel mit Fleisch, berauschendem Getränk, Gift, Waffen, Lebewesen (sowohl Sklaven wie Tiere). Also keine Tätigkeit als Fischer, Jäger, Schlächter oder Vogelfänger, Gefangenenwärter, Henker und Räuber.

6. Rechtes Streben: Dahingehendes Bemühen, noch nicht bestehende, schlechte und unheilvolle Gemütsregungen gar nicht erst aufkommen zu lassen. Entstehen sie trotzdem, gilt es, sie zu beseitigen. Gute, heilvolle Gemütsregungen sollen entstehen und sich entfalten.

7. Rechtes Bedenken: Besonnenes Betrachten des eigenen Körpers, der Empfindungen, von Denken und Denkobjekten.

8. Rechtes Sichversenken: Meditation, Konzentration und Verweilen in den verschiedenen Versenkungsstufen.

Diese verkürzt dargestellten Grundsätze bilden die Grundlage von Siddharta Gautamas Philosophie. Siddharta Gautama, der als Hindu aufgewachsene Buddha, der an den ewigen Zyklus der Wiedergeburt Glaubende.

Einzig die ethische Selbstdisziplin gemäss Heilslehre der *„Vier edlen Wahrheiten"* ermöglicht die Abkehr aus dem immerwährenden Kreislauf von Wiedergeburten, um ins *nirvana*, in die völlige Ruhe des absoluten Nichts, einzugehen. Dies kann nur durch völliges *„Loslassen"* geschehen, einer totalen Entsagung an die Betriebsamkeit des irdischen Daseins, durch Verzicht auf materielles Streben, Besitztum, sogar menschliche Bindungen, eine völlige Entsagung weltlicher Dinge des Lebens. Dieses *„Loslassen"* vernichtet das eigene Karma. Das irdische Dasein muss eine präzise ausgeglichene Bilanz zwischen positiven und negativen Taten aufweisen. Niemand wird diese Bilanz zu erstellen imstande sein. Deshalb bleibt dem Menschen auch verborgen, in welcher Form und auf welcher Stufe ihm bestimmt ist, wiedergeboren zu werden: in einer höheren oder niedrigeren Welt, als Tier oder Mensch. Als Mönch wird man diesem angestrebten Ziel von Ausgeglichenheit am nächsten kommen, durch absolute Passivität, weder schlechte noch gute Taten. Übrigens: Ausschliesslich positive Taten bewirken ebenfalls ein Ungleichgewicht und stellen den Ausgleich in Frage. Wirklich strenggläubige Buddhisten achten auch darauf. Ihr Ziel ist das endgültige Erlöschen im *nirvana* und die Rückgabe der eigenen Seele an das Universum und das Verschmelzen mit diesem.

Wie andere grosse Religionen hat sich der Urbuddhismus im Laufe der Zeit in drei wesentliche Glaubensrichtungen entwickelt, die ursprüngliche Philosophie ging in elementarer Religion auf.

Die Hinayana-Lehre
(das kleine Fahrzeug)

Anhänger dieser Richtung des Buddhismus *(auch* **Therawada-Buddhismus** *genannt)* finden sich zur Hauptsache in den Ländern Sri Lanka, Burma, Thailand, Kambodscha. *(Therawada = Anhänger der Lehre der ältesten Mönche).*

Das höchste Ziel ist die Selbstvervollkommnung, verwirklicht im weltentsagenden Heiligen, dem *„arhat"*. Hauptgegenstand aller Verehrung ist Gautama-Buddha. Er gilt als *Vorbild*, nicht als Gnadenspender oder Erlöser. Demnach erwirbt jeder Mensch Erleuchtung und Erlösung durch eigene Kraft, *ohne* Vermittlung eines Erlösers, *ohne* von aussen kommende Gnade, ausschliesslich durch Befolgung seiner Lehre. Nur so wird der Gläubige das Heil erlangen. Diese Glaubensrichtung ist ein streng mönchischer Buddhismus. Das *nirvana* ist eigentlich nur den Mönchen und Nonnen vergönnt.

Der Ausdruck *„kleines Fahrzeug"* ist bezeichnend: Nur wenige Menschen erreichen die Buddhaschaft, können doch nur Mönche und Nonnen sich ernsthaft mit dieser Lehre befassen. Alle übrigen Menschen müssen vorerst durch weitere Leben gehen, bis sie „soweit sind".

Kandy in Sri Lanka ist ein wichtiges Zentrum der Hinayana-Buddhisten. Im ***„Tempel des heiligen Zahns"*** *wird eine Zahnreliquie Buddhas aufbewahrt. Während den täglichen Zeremonien bringen Gläubige Opfer in Form von Blumen und Räucherwerk dar. Gemäss Legende wurde ein Eckzahn Buddhas nach der Verbrennung seiner Leiche aus der Asche genommen. Später wurde dieser von einer indischen Prinzessin nach Ceylon gebracht. Dort wird er seit Jahrhunderten als Reliquie verehrt.*

Die Mahayana-Lehre
(das grosse Fahrzeug)

Dies ist heute die grösste buddhistische Schulrichtung. Wir finden sie hauptsächlich in China, der Mongolei, Japan, Korea, Nepal, Nordindien und in Tibet.

Es ist die spätere Modifizierung von Buddhas Lehre (ums erste Jahrhundert A.D.). Als Vermittler von Erlösung spielen **Bodhisattvas** die Hauptrolle. Diese sind mit den Heiligen und Engeln im Christentum vergleichbar. Ihr religiöses Ideal ist das Erbarmen. *Bodhisattvas* werden als überirdische Wesen verehrt. Diese begnaden den Gläubigen in ihren höheren Welten, stehen den Frommen als Nothelfer immerzu bei. Ein *Bodhisattva* ist ein *„zur Erleuchtung Befähigter"*. Statt aber als Buddha ins *nirvana* einzugehen, verzichtet er so lange ausdrücklich auf seine Erlösung, bis dank ihm alle Wesen den Heilsweg *„auf dem grossen Fahrzeug"* gefunden haben.

Ferner gibt es einzelne Buddhas und Bodhisvattas im Mahayana, die den historischen Gautama Buddha (*Shakyamuni, wie ihn die Mahayana-Buddhisten nennen*) stark in den Hintergrund gedrängt haben. **Amithaba**, der erlösende Buddha etwa, welcher den frommen Buddhisten eine selige Wiedergeburt in seinem *„reinen Land im Westen"* verheisst; oder **Vairocana**, *der Ur- und All-Buddha der reifen Mahayanalehren.*

Auch hier macht der Begriff *„grosses Fahrzeug"* durchaus Sinn: Das Paradies ist in dieser Lehre auch der „grossen Masse" zugänglich; es bleibt nicht nur der mönchischen Elite vorbehalten. Alle Gläubigen können an der Erlösung teilhaben.

*Jedes Jahr im Monat August startet vom Zahntempel aus eine der grössten buddhistischen Manifestationen: **„Esala Perahera".** In glanzvollen Prozessionen wird die Reliquie Nacht für Nacht, zehn Nächte lang insgesamt, durch die Strassen getragen. Dutzende von festlich geschmückten Elefanten, Tausende von Mönchen, Trommlern, Musikanten, Tänzern, Feuerschluckern und Fakelträgern nehmen an diesen grossartigen Umzügen teil.*

65

Die Vajrayana-Lehre
(das diamantene Fahrzeug)

Diese dritte grosse Schulrichtung des Buddhismus (*auch Mantrayanalehre genannt = Fahrzeug der Maximen und Formeln*) wird hauptsächlich in den Himalaya-Staaten und zum Teil auch in Japan praktiziert. *Vajra* heisst *Donnerkeil (Der an Buddha übergegangene Blitzstrahl des Gottes Indra)*. *Diamant*, der Stein, der alle Verblendung und alles Böse mit der Macht absoluter Wahrheit vernichtet.

Im diamantenen Fahrzeug erlangten die Buddhas, ähnlich wie in der hinduistischen Götterwelt, immer mehr gottähnlichen Rang. Es wurden ihnen Frauen und Kinder beigesellt, Symbole, ein Leittier, Farben. Im Mittelpunkt stehen die fünf **DHYANI-BUDDHAS**. Die Zahl Fünf steht für die fünf menschlichen Sinne, die fünf Tugenden, die fünf Farben sowie Weltgegenden, über die sie herrschen.

Tantrayana Das *„Fahrzeug des gespannten Fadens"* steht für eine Richtung des Vajrayana-Buddhismus. Eine Reihe von Lehrern entwickelte eine Art Geheimlehre, wonach die höchste Erkenntnis mit sakraler Magie erreicht werden kann. Bestimmte Meditationstechniken, namentlich solche vor *mandalas (mystischen Diagrammen)* und bestimmte *mantras (heilige Silben und Formeln)*, sollen zu überirdischen Kräften verhelfen.

Diese Schulform enthält zahlreiche „unbuddhistische" Lehren und Riten, verändert dadurch den Buddhis-

Buddha	VAIROCANA
Richtung	Zentrum
Farbe	weiss
Symbol	Rad
Fahrzeug	Löwe
Frau	Weisse Tara

Buddha	AMITHABA
Richtung	West
Farbe	rot
Symbol	Lotus
Fahrzeug	Pfau
Frau	Pandura Vasini

Buddha	AKSHOBYA
Richtung	Ost
Farbe	blau
Symbol	Donnerkeil
Fahrzeug	Elefant
Frau	Lozama

Buddha	AMOGASIDHI
Richtung	Nord
Farbe	grün
Symbol	Schwert
Fahrzeug	Greif
Frau	Grüne Tara

Buddha	RATNASAMBAVA
Richtung	Süd
Farbe	gelb
Symbol	Juwel
Fahrzeug	Pferd
Frau	Namaki

*Der **Vajra** (tib.: Dorje), das Diamantzepter, ist Symbol der priesterlichen Macht, bzw. der zurückhaltenden massvollen und vernünftigen Machtausübung.*

mus nicht unwesentlich: Verkürzt definiert entstand hier eine Art von *„Hinduismus im Buddhismus"*.

Der Lamaismus

Lamaismus ist die Bezeichnung für alle im Tibet entwickelten Formen des *Vajrayana-Buddhismus*, abgeleitet vom Wort *„Lama (tibetanisch bla-ma = Vorsitzender, Lehrer, vornehmer Mönch)*. Diese Glaubensrichtung finden wir vor allem in Tibet als seinem Zentrum, ferner in Bhutan, Ladakh und Kaschmir, in der Mandschurei und Mongolei; dann aber auch in Nepal, Nordchina und Sikkim.

Ursprünglich entwickelte sich die Glaubensrichtung *„Sa-Skya-pa"* in Anlehnung an die Farbe von Mönchsrobe und -mütze auch *„Rote Kirche oder Rotmützen"* genannt. Ihre blühende Dynastie währte vom 11. bis ins 14. Jahrhundert. Danach wurden sie von der *„dGe-lugs-pa"*-Bewegung (*gelbe Kirche oder Gelbmützen*) verdrängt. Diese Richtung hat sich bis heute erhalten.

Die beiden Zentren dieser Schule sind die tibetanischen Klöster von **Lhasa** und **Taschilumpo** bei Schigatse. An der Spitze stehen die beiden Lamas. Die Nachfolgefrage ist nicht durch Erbfolge geregelt, sondern mit der *„Inkarnations*-Erbfolge": Es übernehmen auserwählte Lamas die Führung als irdische Inkarnationen von *Buddha* und *Bodhisvatta*. Bei ihrem Tod inkarnieren sie sofort in einen neugeborenen Knaben. Dieser wird durch ein besonderes Zeichen erkannt, sofort zum neuen Oberhaupt ausgerufen und mittels passender Ausbildung auf seine religiöse Führungsaufgabe vorbereitet.

Der **Dalai Lama** (*mongolisch dalai = Ozean des Wissens*) ist die Inkarnation des Bodhisattva *Avalokitesvara (Inbegriff der Barmherzigkeit)* und gilt als ranghöchster Lama im tibetischen Priesterstaat. Seine historische Residenz ist der *Potalapalast in Lhasa*. Als Oberhaupt ist er eher der weltlichen Seite zugewandt; er ist demzufolge bekannter und bedeutender als der

Pantschen Lama (*tibetanisch pantschen-rin-po-che = Juwel des Grossen Gelehrten*). Er gilt als Inkarnation des *Amithaba-Buddha*, hat seine Residenz im *Kloster Taschilumpo bei Schigatse* und bemüht sich eher um geistliche Belange, ist demzufolge weniger bekannt.

Buddhistische Mönche in den Himalaya-Staaten tragen eine dunkle Mönchsrobe.

*Der **Potala**-Palast in Lhasa ist die eigentliche Residenz des Dalai Lama und Symbol des Tibets.*

Der Dalai Lama als Boddhisvatta-Inkarnation steht über dem Pantschen Lama als Buddha-Inkarnation. Dies hat stets zu Rivalitäten geführt. *(Diese Tatsache ermöglicht es auch, dass die als Besatzungsmacht seit 1959 in Tibet weilenden Chinesen den Pantschen Lama als Marionette missbrauchen und den Dalai Lama ins Exil zwangen).*

Der Zen-Buddhismus

Der Zen-Buddhismus ist heute die zweitstärkste und strengste buddhistische Sekte in Japan, mit mehreren Millionen Mönchen und Laien als Anhänger. Es handelt sich hierbei um einen stark asketischen Buddhismus. Auch bei uns in der westlichen Welt ist Zen-Buddhismus in letzter Zeit sehr bekannt geworden.

Die berühmte Zen-Lehre leitet sich von einem mystischen und legendären Akt ab. Ein Jünger Buddhas näherte sich seinem Meister mit einer goldenen Blume in der Hand und bat ihn, das Geheimnis der Lehre zu verkünden. Gautama nahm die Blume und sah sie für eine ganze Weile schweigend an, ohne ein Wort zu sprechen. Damit deutete er an, dass das Geheimnis nicht in Worten, sondern in der tiefen Betrachtung selbst liege.

Die Anhänger dieser Lehre glauben nicht, dass die Erleuchtung auf dem Wege des Studiums der Schriften oder durch Spekulation über das Übernatürliche und Überweltliche kommt. Sie glauben, dass der Mensch durch tiefe Selbstversenkung und durch Meditation zu einer plötzlichen Eingebung kommt. Diese *mystische Erleuchtung (satori)* ist ein nicht in Worten zu erfassendes Erlebnis. Ein Mönch kann sich dieses Ziel nach frühestens 10 Jahren Meditation erhoffen und es bedingt strengste Selbstzucht sowie eine völlige Kontrolle über den eigenen Geist und Körper.

Von dieser Überzeugung ausgehend, wird in der Ausbildung kein Wert auf Wortwissen gelegt, d.h. Bücher, Predigten, Diskussionen und Theorien haben nur wenig Bedeutung. Es ist ein teilweise sogar „handgreiflicher" Weg über die körperliche und geistige Züchtigung. Die Schüler werden angeschrien und geohrfeigt, man überträgt ihnen schwierige Aufgaben mit verwirrenden Scheinproblemen. Durch all die Hindernisse hindurch muss sich der Schüler zur Erkenntnis der Wahrheit durchbeissen. Diese Erkenntnis soll ihm durch spontane Intuition kommen, als Beispiel so in etwa, wie jemandem jäh die Pointe eines Witzes klar wird.

Die Mönche leben höchst einfach, in absolut schmucklosen Räumen. Sie verrichten Feldarbeit, erbetteln die Nahrung und essen sehr spärlich. Ihre hauptsächliche Beschäftigung ist Meditation. Der Zen-Buddhismus ist eine Lebenstechnik: Selbst die einfachsten täglichen Handlungen wie Teezubereitung (und Teetrinken), Gartenpflege, Bogenschiessen oder Naturbetrachtung werden als religiös bedeutsam betrachtet. Deshalb werden alle Betätigungen mit betontem Bewusstsein für die Sache durchgeführt, da in ihnen gewissermassen das Geheimnis des Lebens enthalten ist. Im bewussten Vornehmen sämtlicher Tätigkeiten kann ein Schlüssel zum Verständnis der Welt gefunden werden.

Der Mönchsorden Sangha

Die gesamte Gemeinde der Mönche und Einsiedler heisst *sangha*. Sie steht beiden Geschlechtern offen, gilt als Kern der buddhistischen Bewegung. Die Mönche gelten als buddhistische Elite. Diese leben in zahlreichen Klöstern *(viharas)*. Im wortwörtlichen Sinne sind nur *sie* wahre Buddhisten. Ziel von Nonne und Mönch ist das *„arhat"*, das Heilige. Das Leben eines Laien ist mit den höheren Stufen religiösen Lebens praktisch unvereinbar. Dies war schon immer die Überzeugung der Buddhisten, vor allem der Hinayana-Anhänger. Der Unterschied liegt nur darin, wie streng man sich dieser Regel unterwirft. Im allgemeinen ist die Lehrform des Hinayana für Ausnahmen nicht empfänglich. Hingegen macht die Mahayanalehre das Zugeständnis, auch Laien könnten Bodhisattvas, eben zukünftige Buddhas, werden.

Armut, Ehelosigkeit und Keuschheit sowie Friedfertigkeit sind die drei Grundsätze mönchischen Lebens. Der Mönch hat praktisch kein Eigentum. Erlaubt sind ihm lediglich acht Utensilien: Die Mönchsrobe (zwei Untergewänder, ein Obergewand), je eine Nadel, Rasiermesser, Lendengurt und Rosenkranz (dessen 108 Kugeln für die Rezitation von Buddhas Eigenschaften dienen), ein Wassersieb. Dieses dient dazu, Kleinsttiere aus dem Trinkwasser herauszufiltern um sie so zu retten. Die *Toga*, die Mönchsrobe, ist bei den Hinayana-Buddhisten meist safrangelb oder orangefarben; bei den Mahayana-Buddhisten ist sie schwarz oder dunkelfarbig.

Alles was der Mönch braucht, soll er sich durch Betteln erwerben. Er soll nur einmal am Tag essen. Im

Die erste Predigt Buddhas im Wildpark von Sarnath in der Nähe von Benares/Varanasi. Der Mönchsorden „Sangha" entstand, und das Rad der Lehre begann sich zu drehen.

allgemeinen lebt er vegetarisch, isst aber auch Fleisch, falls ihm solches in der Bettelschale dargereicht wird: Demütig isst er, was ihm gegeben wird, denn Betteln wäre ein fruchtbarer Nährboden vieler Tugenden, glauben die Buddhisten. Die sich solcherart ihren Unterhalt erwerbenden Mönche sehen sich nicht als Müssiggänger, sondern empfinden das Zurückdrängen von Begierde und die Übung der Meditation als hartes Leben und als *„Weg zur inneren Freiheit"*. Freigebigkeit gilt im Buddhismus als eine der höchsten Tugenden. Der Gebende erwirbt sich damit Verdienste. Deshalb bedankt sich auch *nicht der Mönch für die Gabe*, wohl aber *der Spender beim Mönch*. Allerdings: Bettelmönche in grosser Zahl trifft man heute nur noch in Thailand und in Sri Lanka. Sie gehören anderswo heute kaum mehr zum Strassenbild; in China, Korea, Japan sind sie unerwünscht.

Die typischen Mönche des Hinayana-Buddhismus sind orange- und gelbfarbig gekleidet. Ihr Haar ist geschoren. Sie sind heute noch am häufigsten in Thailand und Sri Lanka anzutreffen. In Demut erbetteln sie sich einmal am Tag ihre Nahrung. Dabei bedankt sich der Spender beim Mönch, dass er ihm Gelegenheit für eine gute Tat gegeben hat.

Buddha machte in seiner ursprünglichen Heilslehre keinen Unterschied von Abstammung, Rasse, Religion, Alter oder gar Geschlecht. Entscheidend war, dass *wirklich alle* den richtigen Heilsweg gingen. Buddhas Mutter Maya, als Maha Maya beinahe göttlich verehrt, ist neben unzähligen weiblichen Bodhisattvas ein klassisches Beispiel, wie im Laufe der Zeit auch weibliche Heilige fast kultisch verehrt wurden.

Es entwickelten sich jedoch einige orthodoxe Glaubensrichtungen, welche Geschlechtsverkehr als „tierischen Akt" verhöhnten und dadurch die Frau zu verachten begannen. Diese Strategie der Abwehr ist klar: Man erniedrige die Frau, auf dass diese für die im Zölibat lebenden Asketen eine weniger grosse Gefahr darstelle. Dort, wo die Mönche grossen Einfluss haben, ist diese Geisteshaltung recht verbreitet, mit Ausnahme des shaktischen Tantrismus – er sieht den Geschlechtsverkehr als einen Weg zur Erlösung.

Novizen können bereits als achtjährige ins Kloster aufgenommen werden. Aber erst mit 20 Jahren sind sie volle Mitglieder der *sangha*. Die Aufnahmeriten sind je nach Land mit grossen Festlichkeiten verbunden. Ein Gelübde enthält das Versprechen, die Zehn Sittengebote einzuhalten und ein demütiges Leben, ohne Leidenschaft, Genuss oder Besitz, zu führen. Dieses Gelübde muss nicht fürs ganze Leben gedacht sein; wohl aber steht es für einen ernsthaften, wohlbedachten Vorsatz. Es ist also, ganz im Gegensatz zum Christentum, kein Gelübde *„für ewigen Gehorsam"*. Hat ein Mönch das Gefühl, sein Gelöbnis nicht mehr einhalten zu können (oder zu wollen), steht es ihm frei, den Orden jederzeit zu verlassen. Auch einem späteren Wiedereintritt steht nichts entgegen. In Thailand zum Beispiel suchen viele Männer einmal oder mehrmals in ihrem Leben das Kloster auf, leben als Mönch, widmen sich dem religiösen Studium und der Meditation. König Phumiphol in Thailand hielt es da nicht anders. Nach mehreren Monaten, ja sogar Jahren, kehren sie dann geläutert ins Familien- oder Berufsleben zurück.

Das Alltagsleben der Mönche besteht aus dem Studium von Schriften und religiösen Übungen; selbstverständlich übernimmt jeder Mönch auch einen Teil der Arbeit im Kloster. Alle zwei Wochen, bei Neu- und Vollmond, versammeln sie sich und legen eine Art Beichte ab.

In seinem innersten Wesen war und ist der Buddhismus eine Bewegung mönchischer Asketen. Ohne Laienstand kann er aber nicht fortbestehen: Wie wir gesehen haben, verdienen sich die Mönche ihren Lebensunterhalt nicht selbst, sondern hängen vom guten Willen der Laien ab. Im Gegenzug betreut die Mönchsgemeinschaft die Masse der Gläubigen in religiösen Belangen und nimmt für sie gewisse, rituelle Handlungen vor.

Symbole, Begriffe und Merkmale

Der Stupa: Ein Reliquienschrein zur Erinnerung an Buddha. Auf die Frage, wie man sich seiner erinnern soll, gab er zur Antwort: *„Macht einen Hügel von aufgehäuften Reiskörnern mit einer Lotusblüte oben auf der Spitze!"* Die ursprüngliche Form der Stupa lehnt sich an diese Vorgabe an. Die Baustile variieren, je nach Land und Kulturepoche. Im wesentlichen aber bestehen sie aus einem halbkugelförmigen Massivbau. Darin liegt der (meist unzugängliche) Reliquienraum. Aus ihm heraus wächst ein würfelförmiger Aufsatz mit pfahlähnlicher Spitze.

Je nach Land ist auch die Namensgebung dieser Sakralbauten verschieden: Chedi, Pagode, Dagoba. Weil im Stupa wertvolle Reliquien ruhen, sind diese allemal Pilgerzentren. Als wertvollste Reliquien gelten Buddhas acht Haupthaare oder seine Eckzähne, dazu Bilder aus Buddhas Leben, Aufzeichnungen seiner Worte, Nachbildungen seiner Gestalt usw. Um Zigtausende von Stupas mit Reliquien zu versorgen, wurden auch Gegenstände von Religionslehrern und anderen klerikalen Persönlichkeiten verwendet.

Buddhastatuen: Diese entsprechen nicht dem Willen Siddharta Gautamas; sie entstanden erst im Laufe der Jahrhunderte. Die Statuen zeigen Buddha in verschiedenen Positionen *(asanas)* und mit verschiedenen Handhaltungen *(mudras)*.

*Links: Die **Thuparama-Dagoba** in Anuradhapura, Sri Lanka.*

*Rechts: Der **Swayambunath-Stupa** in Kathmandu, das älteste und bedeutendste Heiligtum Nepals.*

*Die **Schwe-Dagon-Pagode** in Rangoon, Burma. Hier werden einige Haare Buddhas als Reliquien aufbewahrt und verehrt.*

Festkalender: Die buddhistische Zeitrechnung beginnt mit dem Eintritt Buddhas ins *nirvana* und liegt nach christlichem Kalender etwa 2500 Jahre zurück. Die Jahreszählung ist dabei nicht von zentraler Bedeutung, richtet sich diese doch oft nach den Regierungsjahren eines Königs oder Fürsten. Der Festkalender basiert auf dem Mondjahr. Er hat deshalb bewegliche Festtage. Die Hauptfeste finden bei Voll- und Halbmond und demzufolge nicht in allen Ländern gleichzeitig statt.

Schriften: Es gibt kein zentrales Buch wie Bibel oder Koran, wohl aber eine schier unendliche Anzahl verschiedener Schriften, zu denen auch der Pali-Kanon zählt.

Meditation: Die Meditation spielt im Buddhismus eine grosse Rolle. Das Spektrum umfasst verschiedene Schulen und Formen, von der einfachen Meditation bis hin zu abstrakten Zen-Praktiken. Auch die tantrische Meditation, das Re-

Buddha wird oft „in Meditation" oder „liegend" dargestellt. Diese Statuen aus Fels gehauen befinden sich in Polonnaruwa, Sri Lanka.

zitieren heiliger Silben und magischer Formeln, ist für uns schwer nachvollziehbar.

Schlussbetrachtung

Der Buddhismus ist eine sanfte, friedliche Religion. Menschlicher Geist schuf hier eines der erhabendsten Gedankengebäude. Anders als andere Religionen verzichtet der Buddhismus weitgehend auf Überirdisches. Er konzentriert sich auf Richtlinien für eine sinnvolle Lebensweise. Es gibt keine zentrale Autorität, keinerlei Diskriminierung irgend-

*Der **Borobudur** bei Yogyakarta in Indonesien ist eines der grössten und eindrucksvollsten Bauwerke buddhistischer Kunst. In der Form eines Mandala ist er Weltberg und Stupa in einem und stellt einen psychophysischen Pilgerweg nach buddhistischer Denkensart dar.*

Mudras, *Handhaltungen: (v.l.n.r.) Meditation, Erleuchtung, erste Predigt, Schutzgewährung, Lehre, Schutzgewährung, Erteilung des Segens.*

welcher Art, kein Streben nach Vergrösserung der Glaubensgemeinschaft. Dies ist mit ein Grund für den aggressionslosen, gewaltfreien Charakter dieser Religion. Gläubige mit Interesse an Buddhas Heilslehre sind stets herzlich willkommen, woher sie auch kommen, was immer sie sind. Und eben, heutzutage nicht hoch genug zu schätzen: Bekehrungsdrang ist dem Buddhismus zutiefst fremd – *Andersgläubige „lässt man in Ruhe"!*

*Die **Lotusblume,** das Zeichen von Reinheit: Aus dem Sumpf des Teichs heraus öffnet sich die Lotusblüte in zarter Reinheit zum Licht: **„Durch die Dunkelheit zum Licht!"***

Der Chinesische Universismus

Der Chinesische Universismus kann kaum mit dem Gedankengut anderer Weltreligionen verglichen werden. Hier nimmt der Mensch keine beherrschende Stellung ein. Er sieht sich weder als Träger der natürlichen Ordnung noch als eigentliches Ziel der Schöpfung. Für den Chinesen ist der Mensch bloss ein Teil des Naturgeschehens, wenn auch ein gewichtiger. Die Chinesen definieren das Göttliche nicht klar. Sie neigen nicht zu göttlichem Mystizismus, haben weder Apostel, Märtyrer noch Erlöser. Und es gab wenige Persönlichkeiten, die man nach unserer Definition als religiöse Führer bezeichnen könnte.

Die Religiosität der Chinesen basiert auf mehreren Elementen, einheimischen wie fremden, sachlichen und besonnenen Lebensregeln, wie auch primitiv-mystischen Götter-, Helden- und Dämonensagen. Seit Urzeiten lebt in China die Volksreligion. Aus frühester chinesischer Kultur überliefert, hat sie sich bei der einfachen Bevölkerung bis heute halten können. Die Masse hält sich ans alte Volksbrauchtum, an Aberglauben und Animismus, wohingegen die gebildete Oberschicht sich eher an konfuzianischer Ethik und taoistischen Regeln orientiert.

Das Gesamtbild des chinesischen Universismus ist komplex. Immerhin schälen sich drei Denkrichtungen aus dem Gedankengut heraus: der Konfuzianismus, Taoismus und Mahayana Buddhismus. Gleichwohl können die wenigsten Chinesen klar einer dieser drei Strömungen zugeordnet werden: Mit Ausnahme von Priestern und anderen religiösen Würdenträgern wird sich der Chinese niemals als Konfuzianer, Buddhist oder Taoist bezeichnen. *„Man ist ein bisschen von allem."* Deshalb fällt es schwer, eine zuverlässige Religionsstatistik zu erstellen: Beim fröhlichen Anlass ist man Konfuzianer, beim traurigen eher Buddhist – und Taoisten sind sie ohnehin alle. Die chinesische Literatur geizt nicht mit Hinweisen zur Harmonie der **„Drei Wege"**, die zum selben Ziele führen. Die wichtigste Ausdrucksform religiöser Gefühle ist zweifellos der Ahnenkult: Nirgendwo sonst wird er in solch gründlicher Form gepflegt!

Es sind nicht eigentlich Priester oder religiöse Führer, welche die chinesische Gesellschaft formten. Es waren *Gelehrte*. Sie spielten in China schon immer die erste Geige. Ihre Lehren fussen auf dem altchinesischen Weltbild der Wechselbeziehung **Mensch : Natur**. Sie ist weit mehr denn eine äusserliche Beziehung, es ist schon eher eine organische Verbindung: Unlösbar ist der Mensch mit der Natur verbunden, in gegenseitiger Abhängigkeit. Damit einher geht die tiefe Achtung vor der Natur in all ihren Erscheinungsformen.

Im Universismus manifestiert sich das chinesische Grunddenken: Himmel, Erde und Mensch als die drei Komponenten des einheitlichen Alls. Sie stehen in inniger

Wechselbeziehung zueinander, werden von einem allumfassenden Gesetz regiert. Die Lehre stellt das Universum mit seinen Komponenten und Erscheinungen ins Zentrum, die Harmonie von Himmel, Erde und Mensch ist höchstes Ziel allen Strebens.

Dabei wird das jetzige, diesseitige Leben betont; die Frage eines Lebens nach dem Tode bleibt unbedeutend. Von Konfuzius, über eben *dieses* Leben nach dem Tode befragt, ist das schlagende Zitat überliefert: *„Wir kennen noch nicht einmal das Leben – wie sollen wir da etwas vom Tode wissen?"*

Die beiden grossen Gelehrten. Konfutse und Laotse

Diese beiden grossen Gelehrten prägten das chinesische Wesen wie niemand sonst. Wahrscheinlich waren sie Zeitgenossen, im sechsten vorchristlichen Jahrhundert. Das Leben des **Laotse** ist eher als Legende überliefert als mit historischen Tatsachen untermauert. Sein Name ist wörtlich mit *„Alter Knabe"* oder *„der Älteste"* zu übersetzen. Davon abgeleitet ist *„Alter Meister"*. Er verfasste das Meisterwerk **„Tao-te-king"**, auch *„Bibel des Taoismus"* genannt. Es ist eine Sammlung esoterischer, mystischer Gedichte und bildet die Grundlage für den romantischen und intuitiven Taoismus, der uns zeitweilig auch etwas „nebulös", d.h. für uns Westler schwer verständlich erscheint.

Konfutses Leben hingegen ist historisch klar belegt. Seine Nachkommen können den Stammbaum der Familie über 77 Generationen bis zu ihm zurückverfolgen: Damit ist dies der älteste, nachweisbare Stammbaum der Welt. Der Familienname lautete auf *K'ung*. Lateinisiert wird dies zu **Konfuzius**, zurückgehend auf *„K'ung Fu-tse"* oder *„Grosser Meister Kung."*

Seit früher Jugend hatte Konfutse eine Vorliebe für Geschichte, Musik und Poesie. Er war von heiterem, lebensbejahendem Naturell. Mönchische Züge waren ihm fremd. Er erfreute sich an Lautenspiel, Singen, Jagen, Fischen oder Wagenfahren. Konfutse verstand sich nie als Schöpfer, sondern als *Vermittler* und *Lehrer*. Der Grundgedanke seiner Lehre ist das Verhältnis von Mensch zu Mensch. Das Kernstück seiner Ethik ist in der Formulierung der *„Fünf Beziehungen"* gebündelt: Jener zwischen *Herrscher und Untertan, Vater und Sohn, Gatte und Gattin, älterem und jüngerem Bruder, älterem und jüngerem Freund.*

Diese beiden Weisen haben die chinesische Geisteshaltung geprägt. Sie schufen Lehren, die sich in harmonisierender Weise ergänzen: Hier die Ethik von Konfuzius mit seiner Harmonieforderung zwischen den Menschen – auf dass jene von Mensch und Universum vertieft werden könne – auf der andern Seite Laotses Gebote von der Unterordnung des Menschen unter das Naturgesetz als einzig sinnvolle Daseinsform. ***Die Lehren von Konfuzius und Laotse als Weg zu ewiger Harmonie: Grundgedanken des chinesischen Universismus!***

Der Konfuzianismus
(die Lehre des Konfutse)

Die Lehre des *Konfutse* ist ein Moralsystem, das sich mit den unmittelbaren Problemen der gesellschaftlichen Ordnung befasst. Sie beschäftigt sich deshalb mit den Beziehungen von Mensch zu Mensch. Konfutse glaubte an die Freiheit von Erbsünde: Für ihn war Tugend lernbar. Denn der Mensch wäre von Natur aus weder gut noch schlecht. Deshalb könne er sich zum Weisen, Tor oder Bösewicht entwickeln. Das WISSEN macht den Menschen tugendhaft, lehrt Konfutse.

Konfutse nahm nie für sich in Anspruch, den Moralkodex erfunden zu haben. Vielmehr gab er zu verstehen, viele seiner Ideen früh-chinesischen Schriften entliehen zu haben. In diesem Sinne ermahnte er seine Anhänger, die Gebräuche der Alten zu ehren. Auf ältesten Überlieferungen aufbauend, gelang es ihm, die menschlichen Beziehungen im Rahmen der gesellschaftlichen Ordnung zu regeln. Die *„9 Doppeltugenden"* waren die Basis. Danach soll der Mensch sein:

▼ freundlich und würdig

▼ milde und fest

▼ gerade und höflich

▼ ordnungsliebend und respektvoll

▼ gelehrig und kühn

▼ aufrichtig und sanft

▼ nachsichtig und massvoll

▼ stark und zuverlässig

▼ mutig und gerecht

Die Ordnungsregelung müsse bei sich selbst beginnen, im eigenen Herzen und Denken. Als wichtigster Grundkern einer sozialen Struktur folgt gleich danach die Familiensolidarität, dann das Leben innerhalb der Gemeinschaft, schliesslich die Staatspyramide bis zum Herrscher hinauf. Später entwickelten Konfutses Schüler aus diesen Grundsätzen die *„Zehn Verhaltensweisen"*, von denen wiederum *„Die 5 Beziehungen"* abgeleitet werden:

▼ Liebe des Vaters, kindliche Ehrfurcht des Sohnes

▼ Sanftmut des älteren Bruders, Demut und Respekt des jüngeren

▼ Rechtschaffenheit des Gatten, Gehorsam der Gattin

▼ Menschliche Rücksichtnahme der Älteren, Ehrerbietung der Jüngeren

▼ Wohlwollen der Herrscher, Treue der Untertanen

Konfutses Moralsystem lieferte die Richtlinien fürs praktische Handeln. Es hat die chinesische Kultur 2000 Jahre lang nachhaltig geprägt.

Der Ahnenkult

Lange vor Konfutse stand die Verehrung der Stammväter im Mittelpunkt der chinesischen Religiosität. Die tiefe Überzeugung, wonach jeder Mensch unerlässliches Glied einer endlosen, menschlichen Kette ist, hält die chinesische Familie zusammen. Der Begriff *„chinesische Familie"* beinhaltet nicht nur die unter gemeinsamem Dach wohnende Familie oder externe Verwandte – auch die *Vorfahren „gehören dazu"*: Die längst Verblichenen als Mitglieder der heutigen Gemeinschaft! Dieser Familienkreis bleibt auf Gedeih und Verderb zusammen. Also ist das Schicksal von Lebenden und Toten unlösbar miteinander verknüpft. Weder Heim noch Habe, nicht einmal den eigenen Körper *„besitzt"* man – immer haben auch die Ahnen daran teil.

Jeder hofft, dereinst seinen Nachkommen als hilfreicher Geist zur Seite zu stehen und fürchtet andererseits, dass er sie vielleicht als Dämon behelligen wird. Dies hängt von der moralischen Haltung zu Lebzeiten ab, aber auch davon, wie und wie *intensiv* ihm seine Nachkommen gedenken.

Das Einhalten aller Totenriten ist deshalb von grösster Bedeutung. Schickliche Trauerkleidung und ein ordentliches Gefolge beim Begräbnis sind ein erster Akt. Häufige Gedenkandachten stimmen die Geister der Toten milder, was wiederum den Nachfahren zugute kommt. Für einen Chinesen ist es selbstverständlich, zur Ahnenverehrung aus fernen Landen anzureisen. Dasselbe gilt für die finanzielle Unterstützung des Unterhalts von Ahnentafeln und -schreinen samt den damit einhergehenden Festlichkeiten. Durchaus gängige Praxis für einen Auslandschinesen ist überdies, ein Leben lang für die Überführung seiner eigenen Gebeine in die Heimat zu sparen – um an der Seite seiner Ahnen in die ewige Ruhe eingehen zu können.

**Der Taoismus
(die Lehre des Laotse)**

Die Grundlage dieser Lehre beruht auf der Annahme, Himmel, Erde und sämtliche Lebewesen stellten eine unteilbare Einheit dar. Diese Einheit wird durch das *„Tao"* (= *Weg, Strasse, Kanal*) regiert. Wird dieser Begriff erweitert, entsteht daraus *„der rechte Weg, der Weg der Natur, das Gesetz des Lebens oder das universelle Gesetz"*. Die menschliche, natürliche und übernatürliche Welt können nicht gegeneinander abgegrenzt werden. Also darf dieses empfindliche Gefüge in seinen Abläufen nicht gestört werden. Damit das Gleichgewicht der Natur eingehalten und deren Abläufe im Rahmen kosmischer Gesetze erfolgen können, muss der Mensch seinen Teil dazu beitragen. Ist dies gewährleistet, lebt die Gesellschaft in Ruhe und Frieden. Setzt sich die Menschheit darüber hinweg, verändert sie die Abläufe durch Eingriffe und unvernünftiges Handeln, ist Elend unausweichlich.

Der Begründer des Taoismus glaubt, das Geheimnis des Lebens liege in der Kenntnis des *„Tao"*, des *„richtigen Weges"*. Um Frieden und Erleuchtung zu gewinnen, muss des Menschen Ziel die Harmonie mit Tao sein. Aber Eintracht von Himmel und Erde ist nur möglich, wenn das Tao seinen natürlichen Lauf nehmen darf: Lebten alle in Übereinstimmung mit Taos Gedanken, natürlich und einfach, frei von Ehrgeiz, Gier und Aggression, würde brüderliche Liebe die Welt regieren. Nichts soll erzwungen werden, loslassen heisst die Losung: *„Lass allen Dingen ihren natürlichen Lauf und misch dich nicht ein... Was dem Tao entgegensteht, wird zugrunde gehen... Das Tao ist unaufdringlich am Werk... Wenngleich der Himmel nicht kämpft – er wird schliesslich siegen!"*

Der Taoismus preist die Vorzüge des einfachen Lebens, lehrt Gemeinschaft mit der Natur, die Selbstlosigkeit und mystische Vereinigung mit der Urkraft des Universums.

Im Laufe der Jahrhunderte hat sich für die breite Masse der Volkstaoismus entwickelt. Dieser hat sich von Laotses ursprünglicher Lehre so weit enfernt, dass Gemeinsames verschwand. Aus einer Philosophie entstand ein Kult, um im Laufe der Zeit auf das Niveau von Götzenkult, Aberglauben und Geisterbeschwörung abzusinken. Man hatte schliesslich einen mythologischen Überbau mit einer Fülle von Okkultismus und Magie. Dieser verkündet fürs Jenseits eine Art von Märchenland mit Feen und glückseligen Unsterblichen. Auch entwickelte sich ein Kult um die irdische Unsterblichkeit. Als Träger übernatürlicher Kräfte sagten sie die Zukunft weis, provozierten Stürme, mochten gar Leben verlängern. Ein obskurer Mix aus Zauberei, Talismanen, Alchemie und Abarten davon (Drachenpulver, Mondstrahlen, Perlmutt usw.) und Atemübungen half ihnen dabei. Etwas Mahayana-Buddhismus, gebührend erweitert und ausgeschmückt, verlieh dem Volkskult das beschwörende Element. Man entlieh sich eine Anzahl buddhistischer Gottheiten, schuf neue Götter für praktisch jeden Lebensbereich; weltliche Herrscher, ja sogar Konfuzius, wurden ins Götterpantheon erhoben.

Einst überzeugte Laotses Lehre mit ihrer Einfachheit. Was sie in ihrer ursprünglichen Form missbilligte, schoben ihr die Gläubigen im Laufe der Jahrhunderte unter. Aus Glauben wurde Aberglauben, aus Spirituellem Materialismus, das Geistige wurde verweltlicht.

Yin und Yang, die zwei Grundkräfte des Kosmos

Vermutlich um das Jahr 1000 v. Chr. entwickelten unbekannte Denker die Kosmologie, ihre Sicht vom Aufbau des Weltalls und ihre philosophische Interpretation der natürlichen Ordnung. Die Weisen glaubten damals zwei im Universum wechselwirksame Kräfte zu erkennen. Diese beiden Prinzipien würden sich ergänzen, stimmten letzten Endes aber doch überein: Die Grundkräfte *Yin und Yang*.

Yang als positive, männliche Kraft. Sie wirkt in allem, was Licht bedeutet, was aktiv, hart, trocken, glänzend, warm, schöpferisch und beständig ist. Yang ist in Sonne und Feuer zugegen, an der Südseite eines Hügels und am nördlichen Ufer eines Flusses.

Yin ist das negative oder weibliche Prinzip. Es wohnt in allem Passiven; Feuchtes, Kaltes, Weiches, Dunkles beherbergt dieses Prinzip. Empfangendes, Geheimnisvolles, Verborgenes ist genauso damit verknüpft wie Wechselhaft-Wolkiges, Verhangenes oder Ruhendes. Es findet sich im Schatten und im Wasser, an der Nordseite eines Hügels, am Südufer eines Flusses.

Yin und *Yang* zeugten gemeinsam alle Dinge des Universums, sowohl den *Himmel (vorwiegend Yang)* als auch die *Erde (vorwiegend Yin)*. Das Universum basiert auf diesen beiden Urkräften. Sie sind in allen Dingen und Geschehnissen zugegen, in den fünf Elementen *Holz, Feuer, Metall, Wasser, Erde*. Zugleich wirken sie im Dualitätsprinzip: *männlich : weiblich*, in Ereignissen aller Art, z.B. als *Erfolg : Misserfolg*, *Aufstieg : Abstieg*, *Blühen : Verblühen* usw.

Weibliches *Yin* und männliches *Yang* sind für die Weltenordnung unentbehrlich. Stets sollen sie sich nahtlos ergänzen und im rechten Einklang stehen. Ist dem so, ist Harmonie gewährleistet. Ist diese gestört, sind Elend und Leid die Folge. Und wie kann das Zusammenspiel der beiden Gegensätze erreicht werden? Wie sollen die beiden auseinanderstrebenden Prinzipien miteinander harmonieren? Und wie kommt die wunderbare Naturordnung zustande? Die Antwort nach Tao lautet: Die Quelle ihrer Eintracht, der Ursprung aller Ordnung in der Welt ist **TAO**, *der rechte Weg.*

Schlussbetrachtung

Die einfache Lehre über den Einklang von Mensch und Natur des Laotse wurde im Laufe der Jahrhunderte verdrängt durch einen farbenprächtigen und phantasievollen Volkstaoismus. Die Jahrzehnte des Kommunismus haben das Ihrige dazu getan. Mao Tsetung sagte: „Wir werden die Natur besiegen!" Ein Grundbestreben war die Zerstörung des Kernstücks des Konfuzianismus, nämlich die Familiensolidarität aufzulösen. Man schreckte nicht davor zurück, die Kinder gegen die Eltern aufzuwiegeln – was ist einfacher als das? Und was bedeutet ein Projekt, den für eine halbe Milliarde Chinesen lebenswichtigen Yangtze Fluss zu stauen – ohne Rücksicht auf die grossen Risiken für Mensch, Tier und Umwelt?

Wie weit entfernt ist das heutige China von den Lehren des Konfuzius und des Laotse, die das Denken des chinesischen Volkes über mehr als zwei Jahrtausende geprägt haben?

Bleibt zu hoffen, dass die „Goldenen Regeln" eines Konfutse und die Lehre der Sanftmut und Demut eines Laotse allen politischen Verfolgungen trotzen, so wie die Bergpredigt, und sich schlussendlich doch durchsetzen können. Die Natur wird es so oder so vergelten.

Himmel und Erde
überdauern alle Zeit.
Sie überdauern alle Zeit,
weil sie nicht um ihrer selbst willen leben.
Deshalb können sie immer leben.

*

Der Weise tritt zurück,
und gerade deshalb ist er so weit voraus.
Er gibt sein Selbst auf,
und gerade deshalb bleibt es erhalten.
Weil er sein Selbst vergisst,
kann er sein Selbst finden.

*

Dreissig Speichen gehören zu einer Nabe,
doch erst durch das Nichts in der Mitte
kann man sie verwenden;
man formt Ton zu einem Gefäss,
doch erst durch das Nichts im Innern
kann man es benutzen;
man macht Fenster und Türen für das Haus,
doch erst durch ihr Nichts in den Öffnungen
erhält das Haus seinen Sinn.

Somit entsteht der Gewinn
durch das, was ist,
erst durch das, was nicht da ist.

*

(Weisheiten aus dem Tao-Te-King)

— ❖ —

Der Sikhismus

Der Sikhismus ist eine von Indiens jüngsten Religionen. Sie entstand vor etwa 500 Jahren. Ihre Anhänger heissen **Sikhs** *(Sanskrit: Schüler/Jünger)*, ihr geistiges Zentrum und gleichzeitige Hauptstadt ist **Amritsar** im Punjab. Sikh-Tempel gleichen Hindutempeln. Statt Idolen wird als zentrales Heiligtum einzig das *„Granth-Buch"* verehrt.

zehnte und letzte Guru Govind Singh hinterliess keinen Nachfolger mehr. Er hat sich das Überleben seines Glaubens so vorgestellt:

„Wer den Guru zu sehen wünscht, suche ihn im Adi Granth!" Seit Beginn des 18. Jahrhunderts gibt es also keinen Guru mehr. Demzufolge übernahm dieses Heilige Buch die religiöse Autorität und Verehrung.

*Der **Goldene Tempel** in Amritsar liegt auf einer Insel im „Teich der Unsterblichkeit". Hier befindet sich das schönste Exemplar des heiligen Buches „Granth Sahib".*

Guru Nanak (1469–1538) hat den Sikhismus begründet. Seither gab es in der Sikh-Bruderschaft insgesamt 10 Gurus; ihr letzter war **Govind Singh** (1675–1708). Die Gurus gelten als Vermittler zwischen Gott und Mensch. Dementsprechend hoch ist die Verehrung ihrer Anhänger. Guru Nanak und Guru Govind Sing gelten als bedeutendste. Ihr fünfter Guru, Arjan Mal, erklärte die Guruwürde als erblich. Aber schon der

Das **Adi Granth** *(Adi = Anfang, granth = Buch)*, auch *„ursprüngliches" Buch* genannt, gilt als Heilige Schrift der Sikhs. Dieses *„ursprüngliche Buch"* ist der erste Teil. Der zweite Teil, *Dasam Granth*, ist das *„Buch des 10. Königs"*. Das gesamte Werk beinhaltet 3384 Lobeshymnen auf den alleinigen Gott und ist in altem Hindi und Punjabi abgefasst. Die Sikhgemeinde ist sich nicht einig über die Authentizität des gesamten

Schriftstücks; einige Gläubige anerkennen nicht beide Teile. Trotzdem geniesst es hohe Verehrung als geistiger Referenzpunkt. Diese Verehrung äussert sich nicht zuletzt darin, dass man es auch *„Granth Sahib" (arabisch: Herr Buch)* zu nennen pflegt. Das schönste Exemplar liegt im Goldenen Tempel in Amritsar. Den ganzen Tag über rezitieren verschiedene Schriftgelehrte *(Granthis)* heilige Hymnen daraus. Am Abend wird, in einer beeindruckenden Prozession, dieses Buch aller Bücher für die Nacht zu einem besonderen Gebäude getragen und dort in einem Schrein verwahrt.

Grundgedanke dieser Religion war, Hindus und Moslems in einem bildlosen Monotheismus zu verknüpfen. Die Geschichte wollte es anders. Statt einer Verbindung entstanden Gräben: Moslems und Hindus sind sich auf dem indischen Subkontinent spinnefeind. Der Sikhismus hat keine wesentlich neuen religiösen Elemente geschaffen. Er übernahm Wesentliches beider Weltreligionen; aus dem Hinduismus etwa *Karma, Seelenwanderung und Erlösung* oder die *Kremation*, aus dem Islam den *bildlosen Monotheismus (Glaube an einen einzigen Gott, Gelübde an das Glaubensbekenntnis)*. Ihr unsichtbarer Gott heisst Hari, Brahm, Ram oder Paramesur. Die Lehre liefert Verhaltensregeln zur richtigen Lebensweise, um sich so die Wiedergeburt auf einer hohen Daseinsstufe zu sichern. Alkohol und Tabak in jeglicher Form sowie Würfelspiele sind streng verboten, ebenso der Genuss von Rind. Fleischkonsum ja – aber ein *Sikh* muss das Tier geschlachtet haben. Denn er wird im Sinne des Tieres gehandelt haben (Verzicht auf unnötige Qualen, das Tier soll mit einem einzigen, gezielten Schlag getötet werden).

Sikhs sind auf Anhieb zu erkennen. Ihre unübersehbaren Kennzeichen sind: würdevoller Auftritt und auffallend farbiger, kunstvoll geknüpfter Turban. Oftmals sind sie von grosser Statur. Als Wächter, Polizisten und Krieger leisten sie wertvolle Dienste. Bedingt durch jahrhundertelange Verfolgung gelten sie als kriegerisch, aber auch als zuverlässig und loyal. Neben ihrem Turban kennzeichnen sie sich durch die *„fünf K"*, nämlich

1. **Kes** (niemals geschorenes Haar, sowohl Bart wie Kopf / Männer und Frauen dürfen ihr Haar nie schneiden)

2. **Kangha** (Holzkamm zum Reinigen und Kämmen der Haare)

3. **Kripan** (Dolch als Zeichen steter Bereitschaft, Angriffe auf ihre Religion zu verteidigen)

4. **Kaccha** (kurze Kniehose / Unterhose)

5. **Kara** (stählerne Armspange)

Emblem der Sikhs für kriegerische Tugend sowie weltlich-geistige Macht ist das Khanda. Es setzt sich zusammen aus zwei Krummschwertern, einem zweischneidigen Dolch und einer Wurfscheibe.

Die Sikhs lehnen das Kastenwesen klar und deutlich ab. Auch werden die Frauen in der Sikh-Gemeinde gleich behandelt wie die Männer. Im öffentlichen Leben werden ihnen gleiche Rechte eingeräumt. Im Sinne der Gleichwertigkeit geben sich alle Sikhs den Beinamen **„Singh"** *(Löwe)*. Mittels Taufweihe finden die Sikhs Aufnahme in die *Khalsa*, die reine Gemeinde. Diese darf frühestens im Alter von sieben Jahren stattfinden, wird jedoch meist erst im Mannesalter vorgenommen. Dabei schwört der Novize, das ihm auferlegte Gelübde an das Glaubensbekenntnis zu halten, und die *„fünf K"* stets auf sich zu tragen. Bei diesem Ritual müssen mindestens fünf Glaubensbrüder zugegen sein. Für religiöse Zeremonien wie Schriftlesungen, Seelsorge, Heirats- und Sterberituale sorgen die Schriftgelehrten *(Granthis)*.

Die ersten Gurus leugneten die Verdienste der Askese, waren verheiratet, pflegten häusliches Leben und lieferten ihren Anhängern diesbezügliche Richtlinien. Im Laufe der Zeit entwickelte sich auch der Sikhismus in verschiedene Richtungen. Es entstand die Gemeinschaft der *Keshadhari (getaufte, strenggläubige Sikhs, Anhänger des Govind Sing)*, der *Sahjdhari (sie verweigern sowohl Taufe wie Krieg)*, oder der Asketenorden *Udasis (Weltabgewandte)*, die *Nirmala Sadhus (fleckenlose Heilige)* und weitere mehr.

Die meisten Sikhs leben in „ihrem" indischen Gliedstaat, dem **Punjab**. Sie sind aber auch recht zahlreich über ganz Indien verstreut. Mit ihrem ausgeprägten Geschäftssinn, relativ hohen Bildungsstand und ihrer kriegerischen Vergangenheit sind sie ein heikler Faktor im politischen Leben Indiens. Die Zentralregierung von Delhi behält sie deshalb ganz speziell im Auge. Die *Diaspora* der Sikhs umfasst den ganzen Fernen Osten, aber auch Grossbritannien.

Zu einem Sikh-Tempel gehört ein grosser Vorplatz, ein rechteckiger Teich, das Hauptheiligtum *(Gurdwara)* und eine Tempelküche. Täg-

Klassische Sikhs mit Turban, Vollbart, Dolch und Armspange.

lich werden Heerscharen von Bedürftigen verpflegt, unerheblich welcher Herkunft. Zum Tempelbesuch waschen sich die frommen Sikhs beim Eingang die Füsse. Barfuss gehen sie über den Vorplatz zum *Gurdwara*, dem Hauptheiligtum, betreten die Haupthalle, wandeln in Ehrfurcht am Heiligen Buch unter dem Baldachin vorbei, um auf der anderen Seite den Raum zu verlassen. Manche verneigen sich vor dem Buch der Bücher und sprechen ein kurzes Gebet. Andere sitzen am Boden, meditieren oder beten. Beim Ausgang steht ein grosser Opferstock und lädt zum grosszügigen Spenden ein. Daneben wird gesegnete Speise aus geklärter Butter, Mehl und Zucker dargereicht.

— ❖ —

Tagsüber rezitieren drei Schriftgelehrte ohne Unterlass heilige Hymnen aus dem Adi Granth. Harmonium- und Trommelmusik begleitet sie.

Wenn nicht gerade aus der Schrift gelesen wird, liegt das **Adi Granth** *in prächtige Decken gehüllt auf einem Sockel. Gläubige können Blumenspenden direkt dem beim Buch sitzenden Priester übergeben. Damit ist das Heiligste noch mehr geschmückt.*

Der Jainismus

Die Glaubensgemeinschaft der Jainas lebt vorwiegend im indischen Gliedstaat Gujarat (in Küstennähe, südwestlich von Delhi) sowie in Bihar, nordwestlich von Kalkutta. Ihre Kolonien sind aber über ganz Indien verteilt; so befindet sich zum Beispiel in Südindien, zwischen Hassan und Bangalore, *Sravana Belgola*, das grösste und wichtigste Jain-Zentrum Indiens.

Der *Jainismus*, die von Jina gestiftete Religion ist, analog dem Buddhismus, um 500 vor Christus als antibrahmanische Reformbewegung entstanden. Der Begründer *Jina*, *„der Sieger"*, lebte von 539 bis 467 v. Chr, war somit ein Zeitgenosse von Buddha. Später wurde er in *Mahavira (Sanskrit = grosser Held)* umbenannt. Sein Werdegang ist dem von Buddha recht ähnlich: Auch er wurde, dreissigjährig, Asket und zog während mehr als 40 Jahren in ganz Indien umher, um seine Lehre zu verkünden.

Gemäss Jainlehre gilt Mahavira als der letzte von insgesamt 24 *Tirthankaras*, welche durch den Kreislauf des Lebens eine *tirtha (Furt)* gefunden haben.

Ihr Symbol ist die *Swastika*, das *Hakenkreuz*. Unter drei nebeneinander stehenden Punkten wölbt sich ein Halbmond mit einem Punkt in der oberen Mitte. Die Arme der *Swastika* stehen für die vier Daseinsstufen, wo die Seele wiedergeboren werden kann: Götterwelt oben, Hölle unten, die Welt der Menschen und Tiere ist links beziehungsweise rechts angesiedelt. Die drei Punkte zwischen *Swastika* und Halbmond stehen für *„die drei Edelsteine": rechtes Wissen, rechter Glaube, rechter Wandel.* Der Halbmond mit dem Punkt symbolisiert *die Erlösung.*

Die Swastika ist die altindische Form des Hakenkreuzes. Ihre ursprüngliche Bedeutung ist umstritten. Häufig wird sie als Glücks- und Heilssymbol verstanden. Die Swastika ist ein weitverbreitetes Symbol in Asien und Europa, seltener in Afrika und Mittelamerika. Sie wird auch mit rückwärts gerichteten Armen dargestellt.

Die Nazis haben das Hakenkreuz den Indogermanen abgeschaut. Sie brachten es in eine Position der Drehbewegung: ein „Mühlrad, das ewig schafft und Leben zeugt".

Die fünf Gebote der Jainas, nämlich

1. Lebensschonung

2. Wahrhaftigkeit

3. Achtung fremden Eigentums

4. Sexuelle Enthaltsamkeit

5. Besitzlosigkeit

sind für Mönche und Nonnen verbindlich und werden strikte eingehalten. Für die Laiengemeinde werden die Punkte 4 und 5 grosszügig ausgelegt, sie dürfen heiraten und einem Erwerb nachgehen. Zwi-

*Die **Gomateswara-Kolossalstatue** in **Sravana Belgola,** dem südindischen Jain-Zentrum. Auf einem Hügel gelegen, ist es das weithin sichtbare Ziel unzähliger Pilgerscharen aus ganz Indien.*

schen dem Mönchstum *Acaryas* *(Sanskrit: Lehrer, Verkünder)* und der Laiengemeinde **shravaka** *(Zuhörer)* besteht ein enger Zusammenhang.

Strenggläubige Jainas sind kompromisslos: Tagsüber achten sie beim Gehen im Freien sorgfältig darauf, kein Lebewesen, auch nicht das kleinste Insekt, zu zertreten. Wenn sie nachts im Haus von einem Zimmer ins andere gehen, kehren sie mit einem kleinen Handbesen den Weg vor sich, um nur ja kein Insekt zu zertreten! Strikte vegetarische Ernährung ist selbstverständlich. Es darf sogar nur Gemüse gegessen werden, das *über* der Erde wächst, könnte sich doch in einem Wurzelgemüse irgend ein Lebewesen befinden.

In der jainistischen Lehre ist die Welt mit dem Prinzip der Seelenwanderung ein ewiger Kreislauf. Der Glaube an wiederholte Erdenleben als Mensch, Tier und Pflanze ist dem Hinduismus entliehen. Auch hier bestimmt das Verhalten im Hier und Heute die Position im künftigen Leben. Die Befreiung aus diesem Kreislauf, das Loslösen der Seele von Materie, dem Körper, wird als Erlösung angesehen. Ziel eines strenggläubigen Jainas ist **Kevalagnana** *(d. h. die obsolute Wahrheit)* zu erfahren, um dadurch ein **Kevali** *(d. h. ein Erleuchteter)* zu werden. Diese Erlösung wird durch strenge Askese, Selbstkasteiung und Meditation angestrebt. Früher gipfelte dieser Weg bei extremer Interpretation im Fastentod. Heute wird dieser Fastentod nicht mehr herbeigeführt, sondern durch ein 32tägiges, ununterbrochenes Fasten ersetzt. Dabei darf der Mönch jeden 4. Tag etwas Wasser und Fruchtsaft trinken.

Die Gläubigen sind auch hier in zwei Hauptrichtungen getrennt:

Die **„Digambaras"** *(Sanskrit = Luftgekleidete)* pflegen den Kult der Nacktheit, für sie gilt die Luft als Kleid. Man findet sie meistens in Einöden. Dort widmen sie sich dem

Von weither kommen Jainas, um sich zu Füssen von Gomateswara mit einem Ritual aus Gebet, Waschung und Opferdarbietung Verdienste fürs nächste Leben zu erwerben.

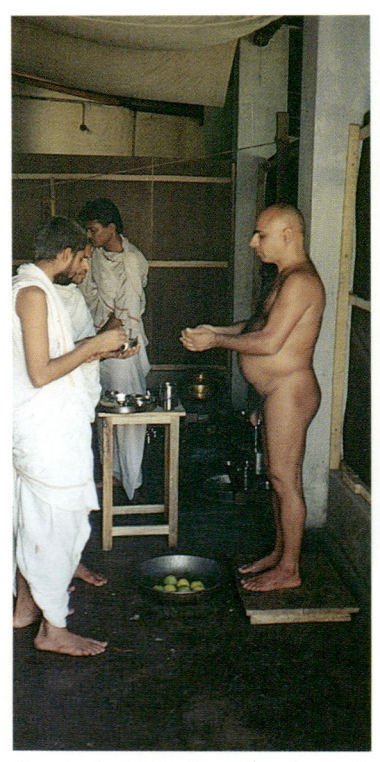

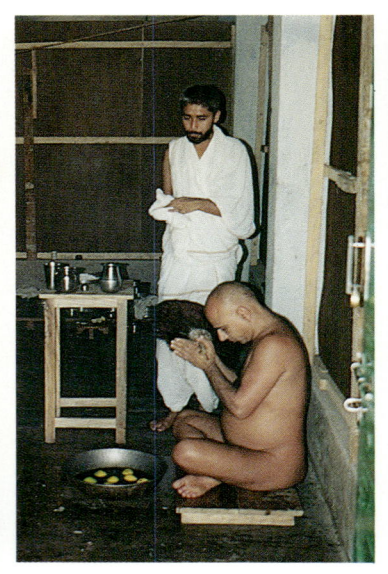

Ein kurzes Gebet beendet das Ritual. Danach begibt sich jeder Mönch in das Hauptheiligtum zu einer kurzen Meditation vor der Statue Mahaviras.

Ihre einzige Mahlzeit am Tag nehmen die **Digambaras** *stehend ein. Nach dem Essen spülen sie den Mund, waschen Hände, Arme und Beine.*

Studium religiöser Schriften und meditieren. Gemäss ihrer Lehre sind die Frauen nicht erlösungsfähig. Die Mönche kommen einmal täglich ins nächste religiöse Zentrum, um das von weissgekleideten Frauen *(mathas)* in ihre Hände dargereichte Essen einzunehmen – im Stehen. Nach dem Spülen von Mund und Händen, Armen und Beinen folgt ein kurzes Gebet, um das Ritual zu beenden. Danach begibt sich jeder Mönch einzeln in das Hauptheiligtum für eine kurze Meditation vor der Bronzestatue des Mahavira. Zum Schluss versammeln sich alle Mönche auf der offenen Veranda um den obersten Digambara herum. Sie, die *mathas*, sowie andere hinzugekommene Gläubige bezeugen ihm die Ehrerbietung. Dann sitzen alle eine Weile beisammen, unterhalten sich in gelöster Stimmung und erhalten zum Schluss den Segen des obersten Digambara. Die Mönche geloben bis zum nächsten Tag nichts mehr zu essen und zu trinken. Dann kehren sie in ihre Einsamkeit zurück. Sie tragen nichts mit sich ausser dem *pinchi (Handbesen aus Pfauenfedern)*, damit sie den Platz vor dem Hinsetzen wischen können, sowie eine Schale Wasser, das wirklich nur zum Waschen dienen darf.

Herzlich ist das Gespräch zwischen der Laien- und Mönchsgemeinde um den obersten Digambara herum. Für die Mönche eine willkommene Unterbrechung ihres Schweigens in Einsamkeit.

Die *„Shvetambaras"* *(Sanskrit = Weissbekleidete)* hingegen legen die Schriften verschieden aus und erlauben das Tragen von weisser Kleidung. Mönche und Nonnen tragen nie Geld auf sich, benützen keine Verkehrsmittel, gehen nur zu Fuss. Sie benützen lediglich Gegenstände aus natürlichen Materialien, wie zum Beispiel Gefässe aus Kokosschalen oder Kürbis, Instrumente aus Holz usw. Da sie keine Scheren verwenden dürfen, reissen sie sich die Haare zweimal pro Jahr einzeln aus. Sie essen nur tagsüber und verlassen das Haus nie nach Sonnenuntergang. Die Nonnen spielen bei den *Shvetambaras* (im Gegensatz zu den *Digambaras*) eine wichtige Rolle: Sie werden von den Laien genauso verehrt wie die Mönche.

Die *Angas-Texte* sind Mittelpunkt der Literatur. Sie beinhalten die in der Prakritsprache gesammelten Predigten Mahaviras. Bis ins erste Jahrhundert wurden sie mündlich

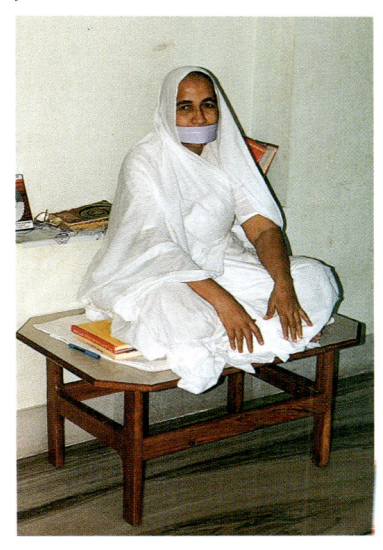

*Bei den **Shvetambaras** haben die Nonnen eine wichtige Bedeutung; sie werden ebenso verehrt wie ihre männlichen Kollegen.*

überliefert: Sie sind demnach nicht vollständig erhalten geblieben. Die Kulthandlungen bestehen hauptsächlich im Absingen von Hymnen, dem Darbringen von Früchten und Räucherwerk zu Standbildern in prächtigen Tempelbezirken oder zu den Kolossalstatuen Mahaviras. Gewisse Tempelstädte sind Ziele von Wallfahrern aus ganz Indien.

Die Jainas stellen einen verschwindend kleinen Anteil der Bevölkerung Indiens dar. Doch ihre Anhänger gehören nicht selten zur Elite. Deshalb ist ihr Einfluss auf Politik und Wirtschaft nicht zu unterschätzen.

— ❖ —

In heissen Ländern sind nachts beleuchtete Wohnräume Anziehungspunkt für eine Vielzahl von Insekten. Um auch kleinste Lebewesen zu schützen, wischt die strenggläubige Nonne vor sich den Weg frei.

Der Shintoismus

Der Kult des Shintoismus wird praktisch nur in Japan gepflegt. Meistens wird er mit dem Glauben an den Buddhismus kombiniert. Das Wort *„shin-to"* bedeutet *„Weg der Götter"*. Der chinesische Ursprung – *„Weg des Naturgeistes"* in der freien Übersetzung – ist nicht zu leugnen. In reinem Japanisch wird Shinto mit *„Kamino mitschi"* wiedergegeben; schliesslich werden die japanischen Götter *„Kami"* genannt, übersetzt heisst dies wiederum *„Weg der Götter"*.

Überall ist der *„Torii"* anzutreffen; meistens steht diese Art von Jochtor am Eingang eines Heiligtums. Gewöhnlich aus Holz erbaut, besteht er aus zwei leicht gegeneinander geneigten, runden Pfosten mit zwei Querbalken, deren oberer die beiden Trägerpfosten überragt.

Die Entstehung des Shinto kann in *drei wesentliche Perioden* unterteilt werden:

1. *Mythische Epoche*, die Entwicklung einer einfachen Naturreligion. Ihre Mythen können nicht grundsätzlich von denen anderer primitiver Völker unterschieden werden. Die japanische Reichsgründung wurde in den Mittelpunkt des gesamten kosmischen Geschehens gestellt. Damit wurde sie in die göttliche Sphäre erhoben. Diese Elemente blieben trotz der hohen geistigen Kultur im japanischen Volk bis heute erhalten.

2. Im sechsten Jahrhundert führte der japanische Herrscher den Buddhismus ein. Damit begann die Auseinandersetzung mit dem Shintoismus. Der Shintoismus ist, mit Ausnahme einiger Randbereiche, *mit buddhistischem Gedankengut durchdrungen*.

3. Im Jahre 1868 wurden die *Shogune (Kronfeldherren)* nach mehreren Jahrhunderten abgelöst – die Restauration des Kaisertums begann. Im Hinblick auf die *Wiederherstellung eines reinen, reformierten Shinto* versuchte man, Buddhismus und Shinto wieder klar zu trennen. Dieser sollte dann zum Staatskult erhoben werden.

Diese dritte Entwicklungsphase erzeugte den sogenannten *„Sekten-Shinto"*, nunmehr in etwa 150 Richtungen aufgefächert. Diese Shintosekten verstehen sich zum Teil als völlig autonome Religionsgemeinschaften.

Der Torbogen ***Torii*** *– ein Wahrzeichen Japans.*

*Der **Meiji-Schrein** in Tokio, eine der heiligsten Pilgerstätten Japans.*

Das Shinto-Weltbild besteht aus drei Schichten: Himmelszelt, Erde und Unterwelt. Sie alle sind von Göttern bewohnt, wobei in der Unterwelt auch Dämonen und Tote zugegen sind. Wie dargelegt, existieren neben einem bedeutenden Götterpantheon noch viele Elemente der ursprünglichen Naturreligion: Allen voran die *Sonnengöttin* „Amaterasu", der *Mondgott* „Tsukiyomi", *Sturm- und Meeresgott* „Susanowo" oder *Feuergott* „Atago" und, als *Essensgott*, (Reismann) „Inari". Zu diesen Hauptgottheiten gesellen sich Nebengötter, welche bestimmte Wege und Orte beschützen sollen, die mannigfaltige Naturerscheinungen (vor allem Erdbeben) beherrschen, die verschiedene Berufsgattungen und Beschäftigungen behüten, dies sogar mit einzelnen Hausteilen, Küche mit Herd oder Abort, tun. Der Shintoismus verehrt auch heilige Berge und Tiere.

Eine Reihe von Staatsmännern und Feldherren sind ebenfalls zu göttlichen Ehren gekommen; allen voran der **Tenno**, *der japanische Kaiser*.

Der Kult besteht aus der Verehrung von *„Kamis"*, der Götter. Dies geschieht mittels Rezitation liturgischer Gebete (*„norito"*), Opfern von Reis und Reiswein (*„sake"*) vor den Schreinen. Dem Kult wird teilweise zu Hause nachgelebt, aber auch in jenen Schreinen (*„miya"*), die mit öffentlichen Mitteln unterhalten werden. Diese meist einfachen Holzhäuser bestehen aus zwei hintereinander liegenden Bauten: Die vordere, grössere Kult- und Gebetshalle und die hintere und kleinere Haupthalle. Die beiden Gebäude sind oft durch einen gedeckten Gang verbunden. In der Gebetshalle zieht der Gläubige mittels Händeklatschen die Aufmerksamkeit der Gottheit für sein Gebet an und bringt seine Opfergabe dar. Hinter dem Vorhang in der Haupthalle verborgen, liegt das Emblem der verehrten Gottheit. Es ist ein diesen Gott darstellendes Symbol, ein Spiegel, Kissen, eine Waffe usw. Dieser zweite Raum darf von den Laien nicht betreten werden. Am Eingang steht mindestens ein Torii.

Zum formellen Besuch eines Schreins gehören folgende drei Riten:

1. **„harai"**, das rituelle Reinigen

2. **„shinsen"**, Darreichen einer Opfergabe

3. **„norito"**, rituelle Gebetsrezitation

Beim symbolischen Festmahl mit dem *„kami"* des Schreins reicht der Priester (*„kannushi"*) ein paar Tropfen Reiswein. Die Weihegaben sind meistens Nahrungsmittel: Reiskuchen oder Reiswein, aber auch Kirschbaumzweige oder Tuch. Selbstverständlich ist auch hier die Zeremonie bis ins letzte Detail geregelt.

1947 haben die im Krieg siegreichen Amerikaner den Shinto als Staatsreligion offiziell abgeschafft und die Funktion des Tenno auf Repräsentationspflichten zurückgestuft. Trotzdem ist das Ansehen, die Verehrung des Kaisers in Japan ungebrochen. An die Stelle des Staats-Shinto trat der *„Schrein-Shinto"*. Ihm wird in über 80 000 Schreinen mit 20 000 Priesterinnen und Priestern gehuldigt. 80 % der Shintoisten gehören zu dieser Glaubensrichtung. Die restlichen 20 % sind Anhänger des vielschichtigen Sektenshintos. Getreu dem Grundsatz, das eine tun, das andere nicht lassen, sind die meisten Gläubigen beider Richtungen gleichzeitig Mahayana-Buddhisten.

— ❖ —

Daibutsu, *die Bronzestatue des „Grossen Buddha von Kamakura" – Beispiel asiatischer Toleranz in der Religionsausübung: die meisten Shintoisten sind gleichzeitig Buddhisten.*

Literaturhinweise

Die nachstehenden Bücher waren dem Autor von Nutzen und werden gleichzeitig für eine weitere Beschäftigung mit diesen Religionen empfohlen:

Die fünf Weltreligionen, Helmuth von Glasenapp, Eugen Diederichs Verlag, München 1991 / ISBN 3-424-00047-7

Knaurs grosser Religionsführer, Gerhard J. Bellinger, Droemer Knaur, München 1990 / ISBN 3-426-26221-5

Buddhismus, Hans Wolfgang Schumann, Walter Verlag AG, Olten 1991 / ISBN 3-530-79991-2

Religionen des Ostens, Anne Bancroft, Theseus Verlag, Zürich 1974 / ISBN 3.85936.003.5

Die grossen Religionen, Georgia Makhlouf/Michael Welply, Union Verlag, Stuttgart 1990 / ISBN 3-8139-5703-9

Religionen der Welt, Länder und Völker, Verlag das Beste GmbH, Stuttgart / ISBN 3 870704640

Die grossen Religionen der Welt, Sonderausgabe Ex Libris / Redaktion Life

Indische Mythologie, Veronica Ions, Emil Vollmer Verlag, Wiesbaden 1967

Lexikon der Symbole, Udo Becker, Verlag Herder, Freiburg im Breisgau 1992 / ISBN 3-451-22483-6

Lexikon der Symbole, Fourier Verlag, Wiesbaden 1993 / ISBN 3-921695-54-6

Lexikon der Religionen, Verlag Herder, Freiburg im Breisgau 1987 / ISBN 3-451-04090-5

Schüler-Duden der Religionen, Meyers Lexikonverlag, Mannheim/ Wien/Zürich 1980 / ISBN 3-411-01369-9

Wörterbuch der Religionen, Alfred Kröner Verlag, Stuttgart 1985 / ISBN 3-520-12504-8

Religions-Lexikon, Cornelsen Verlag Scriptor, Frankfurt am Main 1990 / ISBN 3-589-20936-4

Wörterklärungen

Im nachfolgenden Sachregister sind die gebräuchlichsten Sachwörter alphabetisch aufgeführt und erklärt. Die Liste erhebt keinen Anspruch auf Vollständigkeit. Für weitere Abklärungen sind die beiden Werke „Schüler-Duden – Die Religionen" und „Wörterbuch der Religionen" empfohlen *(siehe Literaturhinweise).*

Ahimsa
(Sanskrit: „Nichtschädigung"). Begriff hinduistischer und buddhistischer Ethik. Die Lehre der Gewaltlosigkeit gegenüber allen Lebewesen, d.h. auch kein einziges Lebewesen zu töten. Durch striktes Bekenntnis zum Ahimsa wird ein Gläubiger Vegetarier.

Askese/Asket
Religiös begründete Einschränkung oder sogar völlige Enthaltung von Speise und Trank, Wohnung, Schlaf, Kleidung, Besitz usw. mit der Absicht, sich aus der Gebundenheit der Materie zu befreien.

Demiurg
(griechisch: „Handwerker"). Bezeichnung des handwerklichen Schöpfers des Alls im Hinduismus (im Gegensatz zum Schöpfer im christlichen Sinn).

Dharma
Indische Bezeichnung für Gesetz (Weltgesetz), Lehre, Religion.

Diaspora
(griechisch: „Zerstreuung"). Zerstreuung einer religiösen Minderheit und deren Situation unter Andersgläubigen.

Fundamentalismus
Das kompromisslose und strikte Festhalten an der ursprünglichen religiösen Glaubenslehre mitsamt den dazugehörigen Gesetzen. Uralte, ewige, schriftlich fixierte Wahrheit muss ungeschmälert, unverkürzt und unverändert gelten. Ein Begriff, der vor allem in den monotheistischen Lehren Anwendung findet.

Guru
Indische Bezeichnung des religiösen Lehrers.

Inkarnation
Die Menschwerdung (eigentlich Fleischwerdung) eines Gottes.

Karma
Lehre über das Gesetz der Vergeltung, d.h. Glaube an die automatische Wirkungskraft menschlicher Taten. Diese bestimmen die Stufe für die Wiedergeburt im nächsten Leben.

Monotheismus
(griechisch: mónos „allein/einzig" und theós „Gott"). Eingottglaube, Bekenntnis nur zu einem einzigen Gott als einzigem Schöpfer und Erhalter der Welt. Dem Monotheismus ist Ausschliesslichkeitscharakter und Universalitätsanspruch eigen. Er betont die Absolutheit Gottes, seine Ewigkeit, Allmacht und Allwissenheit. Die Anerkennung anderer Götter ist ausgeschlossen und gilt als Sünde. **(Judentum/Christentum/ Islam)**

Samsara
(Sansara). Begriff für den Geburtenkreislauf und die Seelenwanderung.

Sanskrit
Altindische Literatursprache, die Sakralsprache der gebildeten Inder.

Judentum

Adonai
(hebräisch: „mein Herr"). Eine Gottesbezeichnung des Alten Testaments.

Bundeslade
Vergoldete Truhe aus Akazienholz. Ein altisraelitisches Heiligtum, das wahrscheinlich die beiden Steintafeln mit den zehn Geboten enthielt. Von den nomadisierenden Stämmen immer mitgetragen, heiligte König David die Stadt Jerusalem, als er sie dorthin

bringen liess. Bei der Eroberung Jerusalems und der Zerstörung des Tempels durch die Babylonier 586 v. Chr. verschwand die Bundeslade.

Dekalog
(griechisch „déka" = zehn und „lógoi" = Worte). Die zehn Gebote, die Moses auf dem Sinai empfing.

Elôhîm
(hebräisch: „Gott") Gottesbezeichnung.

Hebräer
Im Alten Testament als Selbstbezeichnung der Israeliten gegenüber Fremden verwendet.

Jahwe
Name des Gottes Israels im Alten Testament.

Mazzot
(hebräisch). Runde Brote aus Weizenmehl und Wasser, ohne Zusatz von Sauerteig. „Das Brot des Elends" erinnert an den Auszug der Juden aus Ägypten und wird beim Passah-Fest gegessen.

Pentateuch
(griechisch: „Fünfrollenbuch"). Die *„fünf Bücher Mose"* im Alten Testament. Sie umfassen die Urgeschichte, die Vätergeschichten, den Auszug aus Ägypten, die Landnahme und umfangreiche Gesetzestexte. Im Judentum als *„Thora"* bezeichnet.

Proselyt
(griechisch: „der Hinzugekommene"). Ein Andersgläubiger, der durch Annahme des mosaischen Gesetzes und durch Beschneidung zum Judentum übergetreten ist.

Rabbiner
Von der hebräischen Anrede *„Rabbi"* (mein Herr) abgeleitete Bezeichnung für Geistliche, die Funktionen wie Predigt, Seelsorge und religiöse Unterweisung ausüben. Ausserdem steht ihnen eine private Schiedsgerichtsbarkeit zu. Ober-, Bezirks- und Landesrabbiner sind Vorsteher grösserer Bezirke.

Schma Yisrael
Das jüdische Glaubensbekenntnis : „Höre, Israel, der Herr, unser Gott, ist einzig!"

Semiten
Rassisch uneinheitliche Völkergruppe mit semitischer Sprache. Ende des 4. Jahrtausends v. Chr. sassen die ältesten Semiten in Mesopotamien. Die Akkader, Babylonier und Assyrer gehörten als Ostsemiten zu ihnen. Die zweite (kanaanäische) semitische Welle mit den Amoritern, Phöniziern und den Israeliten trat Mitte des 3. Jahrtausends v. Chr. in Erscheinung. Die letzte Welle der Semiten sind die Araber.

Synagoge
(griechisch: „Versammlungsort"). Gottesdienstliche Versammlungsstätte. Zur Einrichtung gehört ein erhöhter Platz mit dem Lehrpult und ein Thoraschrein mit den heiligen Schriftrollen. Der Gottesdienst in der Synagoge besteht vornehmlich aus Bekenntnis, Gebet (Richtung Jerusalem), Schriftlesung, Auslegung der Schrift und Segen.

Thora
(hebräisch: „Gesetz"). Die hebräische Bezeichnung für den Pentateuch, die *„fünf Bücher Mose".* Gilt als das Gesetz Gottes und ist das Kernstück jüdischen Glaubens.

Islam

Ahmadijja
Eine 1860 in Indien von Mirsa Ghulam Ahmad begründete Sekte, die den Glauben mit friedlichen Mitteln verbreitet (u.a. durch die Übersetzung des Korans in die jeweiligen Landessprachen). Infolgedessen auch starke Missionstätigkeit in Europa. *Sonderlehre dieser Sekte: Die Theorie, dass Jesus nicht am Kreuz gestorben sei, sondern von seinen Jüngern gerettet wurde, und nach Kaschmir ausgewandert sei. Dort sei er im Alter von 120 Jahren gestorben.*

Ayatollah
("Wunderzeichen Gottes"). Ein Ehrentitel im schiitischen Islam. Im allgemeinen wird er einem Gelehrten zuerkannt, der durch seine Kenntnisse zur selbständigen Rechtssprechung befugt ist. Aufgrund seines Ansehens wird er zu einer Instanz, an die sich andere Theologen und Gläubige wenden.

Baha'i-Religion
(Bahaismus). Auf dem Boden des schiitischen Islams im 19. Jh. entstanden. Versteht sich als Offenbarungs-Religion und ist streng monotheistisch. Gott offenbart sich durch seine Propheten. Ziel ist die Einheit der Menschen, in einem umfassenden Gemeinwesen verwirklicht, sowie die Herbeiführung des Weltfriedens.

Charidschiten
Die „Puritaner des Islams" tragen ihren Namen „die Ausziehenden" seit ihrer Loslösung von der Gefolgschaft Alis. Merkmale dieser Richtung sind die freie Wahl des Kalifats in der Gemeinde (gleich welcher Abstammung), gesteigerte ethische Forderungen und lehrmässige Verschiedenheiten.

Derwische
(„darwish" = persisch: Arme/Bettler). Diese islamischen Mystiker sind die Anhänger einer Glaubensrichtung die seit dem 13. Jahrhundert existiert. Durch mehr oder minder erregte Lautäusserungen und Rezitationen (teilweise bis zur Ekstase), durch Dreh- und Tanzbewegungen und durch Atemübungen suchen sie das mystische Erlebnis. Sie glauben, in diesem Zustand Gott besser erkennen zu können. Andere Merkmale dieser Sekte können aber auch strenge Askese, Meditation und Andachtsübungen sein.

Drusen
Schiitische Sekte vor allem im Libanon und der Umgebung von Damaskus.

Fakir
(arabisch: „Der Arme"). Ein islamischer Asket, der unter Verzicht auf jeglichen materiellen Besitz alles auf Gottes Beistand abstellt. Fakir heisst speziell der indische Asket, den die Inder selbst „sadhu" nennen. Bekannte Selbstkasteiung (Selbstquälereien): Auf einem Bein stehend, schlafen auf einem mit Nägeln bespickten Brett usw.

Fetisch
(von portugiesisch „feitiço" – künstlich, falsch, Zauber). Der Glaube an Fetische als machtgeladene Gegenstände, wie z. B. Steine, Hölzer, Knochen, Tonfiguren, aber auch Zähne, Haare, Felle usw. Der Fetischismus ist eine dem Zauber nahestehende Praxis, die vor allem bei primitiven Religionen aufgetreten ist und noch immer auftritt.

Haddsch
Einer der fünf Grundpfeiler des Islams: Dem volljährigen Muslim ist einmal im Leben die Wallfahrt nach Mekka vorgeschrieben, sofern er dazu körperlich und finanziell imstande ist.

Haddschi
Derjenige Gläubige, der die Pilgerfahrt nach Mekka vollzogen hat.

Hadith
Bericht über Worte oder Verhaltensweisen des Propheten Mohammed, welche für die Gläubigen wichtige Bedeutung haben.

Hedschra
(arabisch: „Auswanderung"). Auswanderung bzw. Flucht Mohammeds und seiner ersten Anhänger aus Mekka nach Medina – Beginn der islamischen Zeitrechnung.

Ibaditen
(Abaditen). Von den Charidschiten abgespaltene Sekte, heute noch in Oman, Sansibar und Nordafrika (unter den Berbern) lebendig.

Imam
(arabisch: „Muster, Vorbild"). Vorbeter in der Moschee vor allem beim Freitagsgebet. Je nach Glaubensrichtung gilt er auch als geistiges Oberhaupt. In der *Schi'a* entspricht der Imam dem sunnitischen Kalifen.

Imamat
Das Imamat in der *Schi'a* entspricht dem sunnitischen Kalifat. Es ent-

99

spricht dem Gedanken der direkten Erbfolge als göttliche Institution, d.h. Erbberechtigte des Propheten Mohammed, bzw. seines Vetters Ali, des ersten Imam, haben dieses höchste Amt inne.

Kaaba
(arabisch: „Würfel"). Zentralheiligtum des Islams in Mekka; ein 15 m hohes, 12 m langes und 10 m breites Bauwerk in der Form eines Würfels, an dessen Südostecke ein schwarzer Meteorit eingemauert ist. Im weiten Hof um die Kaaba herum befindet sich der *Semsembrunnen,* den die Legende mit Hagar und Ismael in Zusammenhang bringt.

Kadi
Gesetzeskundiger Richter, ähnlich wie der Mufti.

Kalifat/Kalif
(von arabisch: chalifa „Stellvertreter"). Institution, die nach dem Tode des Propheten Mohammed geschaffen wurde. Der Kalif als Oberhaupt sollte die Leitung der Gemeinde beim Gebet und im Krieg innehaben sowie den Bestand und den Zusammenhalt der islamischen Gemeinde sicherstellen. Der Kalif sollte künftig Mohammed vertreten, ohne dessen *abgeschlossenes Prophetenamt* fortzuführen. Das Kalifat entwickelte sich in der Folge zur weltlichen Herrschaft erblicher Dynastien.

Koran
(arabisch: „Lesung"). Heilige Schrift des Islams, die auf den Offenbarungen beruht, die der Prophet Mohammed vom Erzengel Gabriel empfing.

Kuraishiten
Familienstamm der Kaaba-Wächter in Mekka.

Marabut
Ein Einsiedler, auch ein Heiligengrab.

Medrese
(türkisch). Eine Koranschule oder eine islamische Hochschule, mit einer Moschee verbunden.

Minarett
Moscheeturm, auf dem der Muezzin zum Gebet aufruft.

Moschee
(von arabisch: „masgid" – Ort, wo man sich niederwirft, Anbetungsort). Versammlungsort zum gemeinsamen Gebet.

Muezzin
Gebetsrufer, der fünfmal täglich vom Minarett der Moschee herab den Gläubigen die „Ankündigung" des Gebets zuruft. Heute erfolgt dieser Gebetsruf oft durch ein Tonband über die Lautsprecher.

Mufti
Gesetzeskundiger Richter, ähnlich wie der Kadi.

Mullah
Titel des rangniedrigsten Geistlichen im schiitischen Islam.

Nusairier
Eine im Libanon, Syrien und der Türkei beheimatete Sekte des schiitischen Islams, die Mohammed und Ali in fast göttlicher Weise verehren, und sich als Besonderheit zur Seelenwanderung bekennen.

Ramadan
(Ramasan). Fastenmonat im 9. Monat des islamischen Jahres. Fällt infolge Mondjahrzählung abwechselnd auf verschiedene Jahreszeiten.

Scharia
Begriff für das muslimische Gesetz, eine religiöse Pflichtenlehre, die sowohl die Verpflichtungen der Menschen gegenüber Allah als auch die zwischenmenschlichen Beziehungen regelt. Sie teilt alle Handlungen der Menschen in fünf Kategorien ein: Pflichtmässige, empfehlenswerte, erlaubte, verwerfliche und verbotene Taten.

Schi'a/Schiiten
(arabisch: „Partei Alis"). Die Anhänger der Schi'a, die Schiiten, anerkennen allein Ali, den Schwiegersohn des Propheten Mohammed (und vierten

Kalifen), sowie dessen Nachkommen als rechtmässige Stellvertreter Mohammeds. Diese Nachkommen Alis gelten als „Imame", als „Führer der Gemeinde". Die Schiiten erwarten die Rückkehr des letzten Imam zur Errichtung eines islamischen Friedensreiches. Sie sind in verschiedene Schulrichtungen aufgespalten, die sich hinsichtlich der Anerkennung von fünf, sieben oder zwölf rechtmässigen Imamen unterscheiden.

Sufismus/Sufis
Mystische Entwicklung innerhalb des Islam. Die Sufis erhielten ihren Namen vom arabischen Wort *suf*, einem groben Wollstoff aus dem ihre Kleidung gefertigt war. Die Bewegung entstand im 7. Jahrhundert unter dem Einfluss christlicher Mystiker mit der Gründung von Klöstern. Trotz traditionalistischem Widerstand führten sie Hierarchien von Heiligen ein. Sie huldigten blühender Poesie, Musik und Tanz. Als wandernde Mystiker trugen sie den Islam in zahlreiche asiatische Länder. Heute sind etwa drei Prozent aller Muslime Sufis, aufgesplittert in eine Unzahl von Orden und Bruderschaften.

Sunna
(arabisch: „Gewohnheit"). Orthodoxe Tradition und Lehre des Islams, zu der sich die überwiegende Mehrheit der Muslime bekennt. Sie stützt sich auf den Koran und die Hadith.

Sunniten
Die klare Mehrheit der Muslime, die Anhänger der Sunna, welche an der Wählbarkeit des Kalifats festhalten.

Suren
(arabisch). Bezeichnung für Kapitel des Korans.

Umma
Religiöse und politische Gemeinschaft im Islam, welche die alten Stammesbande ersetzte.

Wahhabiten
Im 18. Jahrhundert entstandene islamische Reformbewegung, welche die Araber aus ihrem „Heidentum" zur puritanischen Sittenstrenge des Ur-Islams zurückführte und in einem Reiche vereinigte. Die Wahhabiten-Bewegung hat heute in Saudi-Arabien die grösste Ausdehnung seit ihrem Bestehen.

Hinduismus

Atman
Indischer Seelenbegriff, verwandt mit dem deutschen „atmen".

Avatara
Herabkunft, Reinkarnation, Verkörperung irgendeines Gottes in irgendeiner Gestalt.

Bhagavadgita
(Sanskrit: „Gesang des Erhabenen"). Teil des indischen Nationalepos *Mahabharata*, ein religiöses und philosophisches Lehrgedicht.

Bhagwan
Ein Hindiwort für Gott oder Herr.

Bhairavi
Zerstörerische und schreckliche Erscheinungsform von Shiva und Parvati.

Bhakti
(Sanskrit: „Gottesliebe"). Die vertrauende Liebe und selbstlose Hingabe an einen persönlichen Heilandgott in Erwartung der Erlösung.

Brahma
Schöpfer, Werkmeister des Alls, einer der drei Götter der Trimurti.

Brahmaloka
Die oberste Weltschicht, die Welt Brahmas, die Welt der Wahrheit.

Brahman
Die höchste und letzte Realität, ohne Gestalt, unausdrückbar, nicht erkennbar, weder persönlich noch unpersönlich... Brahman ist alles und alles ist Brahman.

Brahmanas
Die zweite Schicht der Literatur der Veden, d.h. Sammlung von Texten als Ergänzung zu den Veden.

Brahmane
Angehöriger der obersten Kaste (Priester) im Hinduismus.

Brahmanismus
Mittlere Epoche der indischen religionsgeschichtlichen Entwicklung.

Deya
Kleine Schale mit geweitetem Rand, in dem Ghi oder ein anderes Öl mit einem Docht ist. Wird bei religiösen Zeremonien angezündet.

Kshatriya
Kriegerkaste.

Lingam
Phallussymbol, vor allem im Shiva-Kult durchwegs präsent.

Mahabharata
Neben dem Ramayana das zweite grosse erzählende Heldengedicht von religiöser Bedeutung.

Maya
(ind. ursprünglich „Zauberkraft"). Bezeichnung für die Illusion der materiellen Scheinwelt.

Moksha
Mukti *(Sanskrit: „Erlösung").* Indischer Begriff für die Erlösung, die Befreiung aus dem Zwang des Geburtenkreislaufs.

Nagas
Schlangengeister und -dämonen.

Natharaja
Gott Shiva als König der Tänzer.

Parias
Die Ausgestossenen aus dem Hindukastensystem.

Prakriti
Bezeichnung für die Urmaterie in der indischen Religionsphilosophie.

Puja
Wörtlich: *Verehrung.* Zeremonielle Andacht in Tempeln und Privathäusern unter Verwendung von Blumen, Früchten, Stoffen, Wasser, Öllampen (Deya), Räucherstäbchen usw.

Puranas
(Sanskrit: „alte Erzählungen"). 18 umfangreiche Werke der religiösen Literatur, vor allem über Schöpfung, Götter und Heilige, sowie Königsgeschlechter.

Purusha
Urgeist der Schöpfung, aus dem die ganze Welt hervorgegangen sein soll.

Ramayana
Neben dem Mahabharata das zweite grosse Nationalepos, das Gedicht über den heldenhaften Rama, seine Frau Sita und seinen Bruder Lakshmana.

Sadhu
Ehrenname für frei umherziehenden Asketen.

Shakti
(„Macht"). Bezeichnung für die weibliche Potenz und Energie der Gottheit. Diese Macht wird meistens der Gattin von Shiva zugeschrieben und wird von den **Shaktas**, den Anhängern dieser Shivasekte, verehrt.

Shastras
Lehrbücher der indischen religiösen Tradition.

Shruti
Offenbarungs-Schriften von höchster geistlicher Autorität.

Smriti
Heilige Überlieferungen von traditionellem Wert.

Sutras
(Sanskrit: „Leitfaden"). Lehrtexte über Religion, Kult und Recht.

Tantrismus
Eine Erlösungslehre, die sowohl im Hinduismus als auch im Buddhismus (z. B. im tibetanischen Lamaismus) Einzug gefunden hat. Geheime, esoterische Zeremonien sollen mit magisch-mystischen Mitteln die Befreiung von allen irdischen Bindungen und die Vereinigung mit dem Absoluten bewirken. Eine der Richtungen im Tantrismus ist der Glaube, dass die Vereinigung Shivas mit Durga, seiner

Shakti, alle Zweiheit aufhebt und zu höchstem Glück führt. Analog zu dieser Vorstellung spielen erotische Meditationen eine massgebende Rolle.

Triloka
Dreiteilige Welt bestehend aus Erde, Luft und Himmel als ein Teil des hinduistischen Weltbildes.

Trimurti
Dreigötterglaube an die Götterdreiheit Brahma-Shiva-Vishnu, *nicht* mit der Trinität, der Dreifaltigkeit (Vater, Sohn und Heiliger Geist) identisch.

Upanischaden
Religiöse Texte als Kommentarliteratur zu den Veden.

Vaishyas
Nährstand, 3. Kaste im Hinduismus.

Vedangas
Erläuterungsschriften zu den Veden, vor allem rituelle Vorschriften betreffend.

Veden
Älteste Urkunden der indischen Religion, bestehend aus vier Textsammlungen: Rigveda, Samaveda, Yajurveda und Atharvaveda.

Yoni
Joni *(Sanskrit: „Mutterschoss")*. Weibliches Geschlechtsorgan, spielt in Verbindung mit dem Phallussymbol (Shiva) eine wichtige Rolle.

Buddhismus

Arhat
(Sanskrit: „ehrwürdig, heilig vollendet"). Ein Heiliger in höchster Vollendungsstufe, das religiöse Ideal.

Bodhi
(Sanskrit: „Erleuchtung"). Die Erkenntnis, die Siddharta Gautama, dem Buddha, in Bodh Gaya unter dem Bodhi-Baum zuteil geworden und in den „Vier edlen Wahrheiten" zusammengefasst ist.

Bodhisattva
(Sanskrit: „Erleuchtungswesen"). Ein Wesen, das auf dem Weg ist, ein Buddha zu werden, den Eintritt ins Nirwana aber verzögert, um möglichst viele Wesen zur Erlösung aus dem Geburtenkreislauf zu führen. *(Mahayana)*.

Buddha
(Sanskrit: „Der Erwachte, der Erleuchtete"). Ehrentitel für Siddharta Gautama nach seiner Erleuchtung. (In tibetisch: *Sangsgyas*, in chinesisch: *Fo*, in japanisch: *Butsu*)

Dagoba
Bezeichnung für Stupa in Sri Lanka.

Dalai Lama
Ranghöchster tibetischer Priesterfürst im hierarchischen Lamaismus mit Sitz im Potala-Palast in Lhasa (seit 1959 im Exil).

Dhyanibuddhas
Die fünf Buddhas aus dem Vajrayana Buddhismus, die in entfernten Paradiesen in ewige Meditation versunken sind.

Hinayana
Kleines Fahrzeug, Urlehre des Buddhismus.

Jatakas
Legenden über das Leben Siddharta Gautamas, des Buddhas.

Mahayana
Grosses Fahrzeug, die spätere Modifizierung der buddhistischen Urlehre.

Mandalas
(Sanskrit: „Kreis"). Mystisches Kreis- und Vieleckbild (kosmisches Diagramm = Symbolbild), als Hilfsmittel zur Meditation verwendet.

Mantras
Sprüche mit magischer Bedeutung, oft eine Vermischung von Wörtern und sinnlosen Silben.

Mantrayana
Andere Bezeichnung für den Vajrayana-Buddhismus.

Mudras
Handhaltungen mit symbolischer Bedeutung.

Nirvana
(Nirwana) *(„Sanskrit: „Erlöschen, Verwehen")*. Angestrebtes Ziel in der buddhistischen Philosophie: Durch Abkehr vom immerwährenden Kreislauf der Wiedergeburten den Übergang in die völlige Ruhe des absoluten Nichts zu finden.

Pagode
Aus dem indischen Stupa entwickelter Reliquienbehälter. Turmartiger Bau mit quadratischen Stockwerken, mit sich nach oben verjüngenden Etagen.

Palikanon
Tripitaka *(Sanskrit: „Dreikorb")*. Heilige Schrift in Pali-Sprache, aufgeteilt in drei Schriftensammlungen: *Winaja-Pitaka,* Korb der Ordensdisziplin, *Sutta-Pitaka,* Korb der Lehrreden, *Abhidhamma-Pitaka,* Korb der subtileren Lehrbegriffe.

Pantschen Lama
Nach dem Dalai Lama der ranghöchste Hierarch in Tibet mit Sitz im Kloster Taschilumpo bei Schigatse, etwa 200 km westlich von Lhasa.

Sangha
Mönchs- und Nonnengemeinde.

Satori
Japanischer Begriff im Zen-Buddhismus für das Erlebnis einer plötzlichen, intuitiven Erleuchtung.

Shakyamuni
(„der Weise aus dem Geschlecht der Shakyas"). Ein anderer Name für Gautama Buddha, dessen Familie dem Geschlecht der Shakyas entstammte.

Stupa
(Sanskrit: „Reliquienbehälter"). Ein sakraler Bau zur Aufbewahrung von heiligen Reliquien.

Tantrayana
(Sanskrit „tantra" = Faden, Gewebe). Das *„Fahrzeug des gespannten Fadens"* ist ein symbolisches Wort und ist die Bezeichnung einer Richtung des Vajrayana-Buddhismus.

Therawada
(„Lehre der älteren Mönche"). Andere Bezeichnung für Hinayana.

Vajra
(Sanskrit: „Donnerkeil, Diamant"). Bezeichnung für die unbeugsame, tausendzackige, immer treffsichere Wurfkeule des Gottes Indra. Bedeutet auch „Zauberstab" und wird zudem als Blitzstrahl des Gottes Indra bezeichnet. Die Priester halten dieses Vajra genannte Szepter in ihrer Hand.

Vajrayana
Die drittgrösste Schulrichtung im Buddhismus, eine Verschmelzung von hinduistischem Volksglauben mit Elementen der ursprünglich in Tibet herrschenden Bon-Religion.

Vihara
Buddhistisches Kloster.

Yoga
Joga *(Sanskrit: „Anspannung, Anschirrung" / unter einem Joch)*. Das Bestreben, durch bestimmte Körperhaltungen und Atemübungen eine schwierige (und teilweise psychisch gefährliche) Methode zur Befreiung des Geistes durchzuführen. Der praktizierende Anhänger des Yoga ist der *Yogin,* auch Yogi genannt.

Chin. Universismus, Sikhismus, Jainismus, Shintoismus

Acaryas
(„Verkünder, Lehrer"). Mönchsrang im **Jainismus**, welcher die Laiengemeinde instruiert und in religiösen Belangen betreut.

Adi Granth
Name der heiligen Schrift im **Sikhismus**.

Angas Texte
Literatur von zentraler Bedeutung des **Jainismus**, gesammelte Texte der Predigten Mahaviras.